O FILHO DO HOMEM NA TERRA

Profecias sobre sua vinda e missão

ROBERTO C. P. JUNIOR

O FILHO DO HOMEM NA TERRA

Profecias sobre sua vinda e missão

ORDEM DO GRAAL NA TERRA

Editado pela:

ORDEM DO GRAAL NA TERRA
Caixa Postal 128
06803-971 – Embu – São Paulo – Brasil
www.graal.org.br

Dados Internacionais de Catalogação na Publicação (CIP)
(Câmara Brasileira do Livro, SP, Brasil)

Puccinelli Junior, Roberto Carneiro
  O Filho do Homem na Terra : Profecias sobre sua vinda e missão /
Roberto C. P. Junior. – Embu, SP : Ordem do Graal na Terra, 2009.

ISBN 978-85-7279-094-9

1. Bíblia - Crítica e interpretação 2. Escatologia 3. Jesus Cristo 4. Juízo Final 5. Profecias I. Título.

09-00432   CDD-291.23

Índices para catálogo sistemático:
1. Profecias : Juízo Final : Escatologia : Religião comparada   291.23

Copyright © ORDEM DO GRAAL NA TERRA 2009
Impresso no Brasil
Direitos reservados

10   9   8   7   6   5   4   3   2

"Assim como Jesus, filho de Deus, é do Pai, do mesmo modo o é o Espírito Santo. Ambos, por conseguinte, partes Dele mesmo, pertencendo-Lhe inteiramente, de modo inseparável.

>   Abdruschin
>   **"NA LUZ DA VERDADE"**
>   (dissertação *Deus*)

INTRODUÇÃO

Ao longo da História, vários povos e culturas produziram documentos e também tradições orais que preconizam a chegada de uma época de grandes mudanças e tribulações, cujo fim seria a purificação completa da Terra e dos seres humanos nela remanescentes. Esse processo de depuração, tão aguardado quanto temido, é conhecido como Juízo Final na tradição ocidental.

Sempre que nos aprofundamos nesse tema encontramos a ele associada uma figura masculina de vulto, um enviado dos céus, cuja missão é desencadear o Juízo e auxiliar os seres humanos bons, que ainda em tempo quiserem se modificar de modo a se ajustarem às leis que governam a Criação. Jesus denominou essa personagem de Filho do Homem e vaticinou sua vinda no final dos tempos.

Naturalmente, os antigos escritos que tratam do tema não chegaram incólumes até a nossa época, mas sim fragmentados e em parte também deturpados, involuntária e até mesmo intencionalmente pelas gerações que se sucederam na sua guarda e transmissão.

Outros foram simplesmente banidos do conhecimento do público, porque não se ajustavam aos preceitos dogmáticos de determinadas crenças.

Este livro foi elaborado com base numa obra sobre temas bíblicos de minha autoria – Visão Restaurada das Escrituras – originalmente disponível na rede Internet. Objetivou-se com isso oferecer ao leitor um extrato condensado, porém aprofundado, de profecias bíblicas e extrabíblicas sobre o tema do Juízo Final em ligação com o respectivo Juiz. O texto que se segue procura assim trazer à tona o que restou de verdadeiro nas antigas tradições sobre a vinda do Filho do Homem e sua missão.

O farol utilizado para separar o certo do errado nesse assunto foi a Mensagem do Graal de Abdruschin, a obra Na Luz da Verdade, publicada por esta Editora.

Roberto C. P. Junior

CAPÍTULO 1

PROFECIAS EXTRABÍBLICAS

Muitos escritos antigos fazem alusão à vinda de uma personagem ligada aos tempos do fim. Trata-se do advento do chamado Filho do Homem e a época do Juízo Final, por ele desencadeado. Todos nós que vivemos hoje aqui na Terra já tivemos notícia, em algum marco da nossa existência – que abrange várias vidas – desses dois acontecimentos de importância capital para a humanidade.

As primeiras indicações sobre um futuro Juízo e o Juiz foram transmitidas por volta de 4500 a.C. quando da construção da Grande Pirâmide, conhecida hoje por Pirâmide de Quéops.* Essa edificação é conhecida como "a profecia em pedra", porque traz gravadas as épocas dos principais acontecimentos da humanidade, reconhecidas através de medidas dos corredores e salas. A Pirâmide foi construída por ordem do Altíssimo Dirigente dos Mundos. Nela, Suas indicações ficaram totalmente resguardadas de

---

* A história da construção dessa Pirâmide e seu significado profético é narrada com riqueza de detalhes por Roselis von Sass na obra A Grande Pirâmide Revela Seu Segredo.

intervenções humanas, como sumiços de papiros, erros de copistas e traduções tendenciosas. Nisso, sim, se reconhece um ato da Providência divina, que preserva integralmente as legítimas orientações do Onipotente para Suas criaturas humanas.

Desde a época da construção da Grande Pirâmide, a humanidade como um todo vem sendo advertida de tempos em tempos para mudar de rumo, a fim de poder subsistir na época do Julgamento. Sim, porque há muito ela segue um caminho errado, afastado de seu Criador, cujo fim só poderia ser sua própria aniquilação.

Essa missão de advertência coube em primeira linha aos profetas dos tempos antigos e aos chamados Preparadores do Caminho, os Precursores do Filho do Homem. Deles faziam parte Lao-Tse, Zoroaster, Krishna, Buda, e ainda outros. Mas, além desses, alguns espíritos preparados também advertiram e exortaram seus respectivos povos sobre os acontecimentos futuros, de modo que reminiscências dessas profecias e avisos ainda subsistem aqui e acolá.

É o caso do livro hindu Vishnu Purana, de uma época anterior aos textos bíblicos. Nele, vemos um trecho de onde se depreende nitidamente, em meio a algumas alegorias, o fato principal do mal imiscuído no mundo e da chegada, no fim dos tempos atuais, de um Emissário que restabelecerá a justiça e dará início a uma era de paz:

"Os líderes que governarem a Terra serão violentos e se apoderarão dos bens dos que a eles estiverem subordinados. (...) Os valores morais e as regras da lei se enfraquecerão dia a dia, até que o mundo esteja completamente corrompido, e então o agnosticismo se instalará entre os homens. (...) Quando as práticas recomendadas pelos Vedas e as instituições da lei tiverem quase cessado, e o término da idade de Kali* esteja muito próximo, uma porção do ser divino que existe na própria natureza espiritual sob o aspecto de Brahma, que é o começo e o fim, e que abrange todas as coisas, descerá à Terra, (...) e se apresentará sob a forma de Kalki, dotado das oito faculdades sobrenaturais. Destruirá, por seu poder irresistível, todos os salteadores e os Mlechehhas, e todos aqueles cujo espírito esteja devotado à iniquidade. Restabelecerá a justiça sobre a Terra, e os espíritos daqueles que vivem no fim da idade de Kali serão despertados e por tal maneira se tornarão transparentes, como o cristal. Os homens que assim forem transformados, pela virtude desta época particular, serão como as sementes

---

* Os hindus denominam a era atual de "Kali-Yuga", a Idade Negra ou a Idade da Destruição.

dos seres humanos, e darão nascimento a uma raça que seguirá as leis da idade de Krita ou da pureza."

Os hindus aprofundados nas profecias de sua religião retratam a vinda dessa personagem com a imagem de um magnífico jovem cavalgando um grande cavalo branco, munido de uma espada semelhante a um meteoro, desencadeando morte e destruição por todos os lados. A sua vinda restaurará a justiça na Terra e promoverá uma era de pureza e inocência.

Uma outra profecia sobre o Juízo admiravelmente conservada até hoje é a dos índios Hopis, uma nação indígena orgulhosa e pacífica que habita ao norte do Estado americano do Arizona, num platô a mais de 900 metros acima do deserto. A palavra *Hopi* significa "paz". O mito Hopi faz menção à época do Juízo e à figura do Filho do Homem, englobando um ciclo da Criação que vai do início da nação Hopi até o tempo da "grande purificação", quando o "Grande Espírito virá". Segundo o mito, as pessoas deviam ficar atentas às instruções do Grande Espírito, senão tudo se desmantelaria. A seguir, algumas palavras elucidativas de um ancião Hopi sobre essa época de depuração mundial, dadas numa entrevista: "A profecia afirma que se aproxima um tempo de muita destruição. Este é o tempo. Seja qual for a forma assumida pela terceira grande purificação, as profecias afirmam que ocorrerão vários sinais: as árvores começarão a morrer por toda a parte, lugares frios se tornarão quentes e lugares quentes se tornarão frios, terra afundando nos oceanos e o mar invadindo os litorais, e o surgimento de uma Estrela Azul."

Essa Estrela Azul corresponde ao Grande Cometa, ou Cometa do Juízo, que também surge em várias outras profecias.[*] Os Hopis denominam esse astro de Kachina. Segundo eles, Kachina vai deixar um brilho azul quando aparecer no céu. O astrônomo chileno Carlos Muñoz Ferrada, que fez várias anunciações sobre o Grande Cometa, afirmou que se trata de um astro com núcleo avermelhado e cauda *azulada*.

Ferrada foi um anunciador; ele via espiritualmente o Cometa, e por isso podia falar com conhecimento de causa. As profecias dos Hopis afirmam que a última e decisiva guerra será precedida do aparecimento de Kachina, a Estrela Azul. A Terceira Guerra Mundial é, sem dúvida, uma certeza matemática, dado o afã com que as nações se armam enquanto assinam tratados hipócritas e enaltecem uma paz utópica. No entanto, se ela ocorrerá antes ou após o surgimento do Grande Cometa no céu, só o tempo dirá. Talvez mais rápido do que se poderia imaginar.

---

[*] Roselis von Sass trata desse assunto em sua obra O Livro do Juízo Final.

Mais alguns trechos destacados da entrevista concedida pelo Hopi: "Segundo as profecias, seria inventada uma 'cabeça de cinzas' que, se caísse do céu, ferveria os oceanos e queimaria a terra, não deixando crescer nada por muitos anos. O Grande Espírito disse: 'Eu fui o primeiro, eu serei o último'. O Grande Espírito diz que se os Hopis viverem de acordo com a natureza, eles sobreviverão à grande purificação. Os Hopis devem tentar mostrar às pessoas como se deve viver e então cada um decidirá se vai ser uma pessoa boa ou má. As pessoas más serão todas destruídas. Muitas delas morrerão só com o medo. É por isso que os Hopis se banham na água fria todos os dias de manhã: para manter seus corações fortes. As coisas serão realmente muito ruins na época da grande purificação."

Essa "cabeça de cinzas" que queima a terra e ferve os oceanos parece uma imagem bastante clara da ação de uma arma nuclear. A indicação que o Grande Espírito faz de si mesmo, de ser o "primeiro e o último", também aparece na Bíblia com a designação "Alfa e Ômega", a primeira e última letras do alfabeto grego. Vamos abordar esse tópico com mais detalhes no próximo capítulo. Por ora, basta-nos lembrar desses versículos do Apocalipse: "Eu sou o Alfa e o Ômega, (...) eu sou o primeiro e o último" (Ap1:8,17). Também como paralelo bíblico, o trecho afirmando que muitas pessoas "morrerão só com o medo" nos remete imediatamente a essa passagem de Lucas: "Os homens desmaiarão de pavor com medo das desgraças que sobrevirão ao mundo" (Lc21:26).

A profecia Hopi encontra-se entalhada num petróglifo, uma gravura rupestre próxima da aldeia Orabi. Essa gravura mostra a evolução do homem branco e dos Hopis por meio de duas linhas paralelas horizontais. Com a chegada da grande purificação, representada por um círculo, a linha da trilha espiritual do homem branco torna-se cada vez mais irregular, por fim fica tracejada e desaparece. A linha da trilha dos Hopis, ao contrário, permanece firme, e após a grande purificação passa a ser emoldurada com diversas plantas. A profecia diz que após essa grande purificação, "o milho e a água serão abundantes" para o povo Hopi. Haverá apenas um poder na Terra, o do Criador.

Essa profecia Hopi é muito interessante mesmo, não apenas pela justeza de suas previsões, mas também por indicar que nenhum povo que tenha tido merecimento ficou sem auxílio para a época do Juízo Final. Naturalmente, um auxílio sempre moldado para a respectiva capacidade de compreensão. Tudo sempre dependeu, e ainda depende, de como os vários povos se colocam frente aos avisos e advertências que receberam ao longo dos séculos.

Sobre o mencionado Cometa do Juízo, uma antiga profecia Maia também faz uma referência bastante clara quanto à vinda desse astro (citado da obra A Profecia Maia, de Alberto Beuttenmüller):

> "Este grande corpo celeste passará próximo da Terra e causará danos aos terráqueos. A missão desse corpo celeste, contudo, será a de limpar o planeta de todas as impurezas, humanas e inumanas. (...) O astro fará a Terra tremer, os mares invadirem continentes, vulcões acordarem, territórios sumirem, prédios despencarem. Este corpo celeste não poderá ser evitado, pois este será seu destino jamais modificado. Atenta, pois, o Juízo Final não manda aviso."

Além da vinda do Grande Cometa, a profecia Maia também menciona o surgimento de um outro corpo celeste, a "pedra do céu", que se refere possivelmente ao novo Sol, o qual também está previsto para a era renovada. Essa profecia Maia ainda é especialmente severa para com o ser humano do final dos tempos, e prevê que as formas religiosas baseadas na fé cega sucumbirão:

> "Não haverá mais tempo para aprender neste planeta. (...) Só o Conhecimento profundo poderá te tirar desse caos onde te meteste. O planeta Terra, tua casa por milênios, cansou-se de tuas fraquezas e de tuas promessas.

Agora o tempo é zero. Não mais haverá condescendência para contigo. (...) Esgotaste teu tempo sobre a Terra. Só os eleitos viverão a plenitude da Nova Era de Paz e Fraternidade Universal. Nenhuma religião prevalecerá sobre o Conhecimento, todas sucumbirão. (...) O Novo Tempo será o fim da era da fé cega e da crença, e o início da Era do Saber e do Conhecimento. (...) A raça humana terá de buscar o caminho da iniciação na Terra e no Céu; só assim conseguirá vislumbrar a luminosidade do Grande Espírito."

Vemos aqui que a denominação "Grande Espírito" é comum às profecias Hopi e Maia.

Examinando mais atentamente a profecia Maia, a qual é constituída de sete partes, encontramos ainda outros pontos bem interessantes. Lemos ali, por exemplo, a seguinte exortação: "Para sermos felizes devemos nos localizar não no passado ou no futuro, mas no tempo presente." Uma indicação preciosa esta, de que devemos viver o tempo *presente*, tal como fazem com toda a naturalidade os animais.

Também diz a profecia que na época da "grande transformação" que precederá a mudança dos tempos, haverá alterações na irradiação do Sol. No final dos tempos, continua a profecia, "cada ser humano será seu próprio juiz, quando ingressar no 'grande salão dos espelhos', para examinar tudo o que fez em sua existência; o ser humano viverá no céu ou no inferno, dependendo do seu comportamento, pois cada um decide seu próprio destino." Por fim, a profecia também afirma que não haveria maneira de evitar o domínio da "cruz desequilibrada", que alguns estudiosos atribuem à chegada do Cristianismo, na versão feroz dos colonizadores espanhóis.

A sabedoria que se patenteia dessa profecia Maia, na verdade, depõe contra sua presumida autoria. Apesar de terem tido boa vontade em aprender, os Maias nunca chegaram nem perto do saber espiritual alcançado pelos seus antecessores, o elevado povo dos Toltecas. Ao contrário. Assim como os Astecas, os Maias acabaram se degenerando espiritualmente, entregando-se à prática de cultos sangrentos e sacrifícios a "deuses maus". Os Maias usufruíram do saber dos antigos Toltecas, tomando para si o que já havia sido desenvolvido por esse povo, como é o caso do famoso calendário Maia. Por isso, a chamada profecia Maia muito provavelmente deve ter tido a mesma origem.

A doutrina de um dos Preparadores do Caminho, Zoroaster ou Zoroastro, conserva até hoje alguns fragmentos a respeito do Juízo Final e do Filho do Homem, denominado ali de Saoshyant. No Dicionário das Religiões de John R. Hinnells encontra-se o seguinte esclarecimento sobre o assunto:

"Os zoroastrianos não procuram 'o fim do mundo'. Em vez disso esperam o tempo em que ele será limpo de toda impureza antinatural com que o mal o tem afligido. (...) O Zoroastrismo espera, tradicionalmente, a vinda de um Salvador (Saoshyant; em pálavi Soshyant, nome que significa "Salvador Futuro"), que nascerá de uma virgem fecundada pelo sêmen do profeta Zoroastro, erguerá os mortos dos túmulos e promoverá o Julgamento Universal." Nos escritos que chegaram até nós, o Saoshyant também é chamado de Astvart-Arta, que significa "Ordem Encarnada" ou "Justiça Encarnada". Os relatos dizem que os acontecimentos do começo do mundo serão reproduzidos no fim, em sentido inverso, uma imagem para indicar o fechamento de todos os ciclos na época do Juízo.

A passagem sobre a virgem fecundada pelo sêmen do profeta é, evidentemente, mais uma obra da fantasia humana, no mesmo patamar, por exemplo, da lenda que diz que Krishna teve um pai divino. Contudo, o conceito do Juízo Final e do Juiz que o instituirá é bastante claro, inclusive da ressurreição, não de mortos como se imagina, mas de *tudo quanto está morto* no ser humano. O livro Zoroaster, publicado pela editora Ordem do Graal na Terra, traz um esclarecimento muito mais nítido sobre o Juízo Final e o mencionado Saoshyant, o Filho do Homem:

"Virá o dia em que o Saoshyant chegará do céu. Virá como criancinha e será o Filho do Supremo Deus. Crescerá e aprenderá os caminhos dos seres humanos. Ele lhes trará a Luz do Reino do seu Pai, para que reencontrem o caminho para cima. Ele cuidará deles, como o pastor de seu rebanho. Depois virá o último dia: o Juízo. Grande será o Saoshyant; não será mais um homem, mas sim, somente Deus. Os seres humanos terão medo, porque praticaram o mal. O Juiz Universal, porém, julgá-los-á conforme suas obras. Terão que transpor a ponte. Quem houver sido mau cairá e nunca mais voltará. Mas aqueles que transpuserem a ponte entrarão no Reino Eterno do Saoshyant."

Não há de fato o que comentar sobre essa passagem, tão clara ela é. Essa ponte que precisa ser transposta é chamada Ponte *Chinvat* ou *Tschinvat,* que significa "Ponte do Retribuidor". Mencione-se ainda que o conceito de atravessar a ponte, que na doutrina de Zoroaster equivale a passar pelo Juízo, aparece também no Islamismo. No Dicionário de John Hinnells lemos o seguinte sobre o verbete Qiyama: "Ressurreição no Islamismo, seguida do Juízo Final. As almas julgadas cruzam uma ponte estreita, que se estende sobre o inferno; os pecadores cairão nas profundezas, mas os salvos entrarão no Paraíso."

Em sua História da Civilização, Will Durant transmite outros conceitos do Zoroastrismo, que novamente apresentam paralelos com um período de purificação do mundo seguido de uma era feliz, bem como o processo de ascensão ao Paraíso:

> "O reino de Ahuramazda virá, e Arihman e todas as forças do mal serão exterminados; as almas dos bons começarão uma nova vida, em um mundo sem mal, sem trevas e sem dor. (...) As almas dos pecadores passarão para Arihman, para o castigo eterno, enquanto que as dos puros se salvarão através de sete esferas, perdendo em cada uma delas uma parte dos elementos que ainda contiverem e, assim, até serem introduzidas à plena irradiação do céu."

O Arihman, cujo significado é "Espírito Destruidor", é Lúcifer, e Ahuramazda, nome que significa "Senhor Sábio", é o Criador. O rei persa Dario I já havia se referido a Ahuramazda como o Criador do céu, da Terra e do homem (cf. Esd4:5). A imagem da alma humana perdendo "parte dos seus elementos" enquanto ascende ao Paraíso traduz um acontecimento real. A cada plano que o espírito humano ascende, seu invólucro mais externo (alma) se ajusta ao novo ambiente, deixando atrás de si o que havia do ambiente anterior, mais denso. Assim prossegue até o Paraíso, a verdadeira Pátria espiritual do ser humano, onde ele será apenas espírito, sem invólucros de outras espécies. O leitor encontrará esclarecimentos sobre este processo na obra Na Luz da Verdade, de Abdruschin.

Outros ensinamentos sobre os efeitos da reciprocidade indesviável aparecem em algumas partes da obra conhecida como "Avesta", que teriam sido escritas por Zoroaster. Provavelmente não foram, mas vê-se que o conceito foi absorvido pelo adepto que a escreveu:

> "Eu Te reconheci benéfico, ó Senhor Sábio, vendo-Te no princípio, quando nasceu a existência, assinar um salário à ação e à palavra: retribuição má ao mau, boa ao bom, por Tua habilidade, na última curva da Criação. (...) Ensina-me, em Tua qualidade de justiça, a posse do bom pensamento."

No antigo Egito, a certeza sobre um julgamento individual também permaneceu, apesar das distorções que os adeptos de Rá (ou Ré) inseriram no conhecimento primordial daquele povo. Os egípcios temiam o que chamavam de *segunda morte,* que seria a definitiva. Acreditavam que, após a morte, o coração era pesado numa balança diante do deus Osíris, e caso este pesasse mais que "a pluma da justiça de Maat", a deusa da ordem universal, o morto seria engolido por um monstro, o que acarretaria a morte definitiva do indivíduo. A literatura sapiencial egípcia, apesar das muitas distorções, sempre ensinou a responsabilidade pessoal dos atos da criatura humana diante do Criador.

Os filósofos gregos também ensinavam, já no século V a.C., que após a morte as pessoas eram julgadas pelos seus atos, o que ocorreria no tribunal dos lendários irmãos Minos e Radamanto. O mito helênico de Hermes apresenta a mesma imagem egípcia de um deus pesando as almas com uma balança, instrumento que teria sido inventado por ele próprio. Posteriormente, a iconografia cristã colocou o arcanjo Gabriel neste papel de avaliar as almas com a ajuda de uma balança.

A ideia de um julgamento derradeiro, levado a efeito por um bem determinado Juiz, permeia a história de muitos outros povos. No livro Revelações Inéditas da História do Brasil, a autora Roselis von Sass apresenta um panorama muito detalhado das crenças dos antigos povos indígenas do Brasil. Diz a escritora: "Todos os antigos povos do Brasil veneravam um Ser Supremo: Deus. Os Tupis e Guaranis, que apesar de várias diferenças tinham uma doutrina uniforme de fé, denominavam esse Supremo Ser: 'Nyanderuvusu'. Além de Deus eles veneravam também uma 'Mãe Primária' ou 'Mãe Universal' e seus filhos gêmeos, 'Nyanderykey' e 'Tyvyry'! (Filho do Homem e Filho de Deus)."

Mais adiante a autora cita uma passagem do livro A Mitologia Heroica de Tribos Indígenas do Brasil, de Egon Schaden, e dá novos esclarecimentos: "No que se refere ao Juiz, Salvador, Herói (Filho do Homem), que matou o dragão, está descrito no livro de Egon Schaden como 'herói civilizador mítico' ou como 'herói civilizador', cuja vinda estará ligada a graves catástrofes da natureza... Existem no livro dele várias indicações, embora muito obscurecidas, a respeito do Juiz... Num capítulo onde se faz menção da vida religiosa de uma tribo guarani, podemos ler o seguinte: 'Quando Nyanderuvusu resolver a destruição da Terra, caberá a Nyanderykey retirar a cruz de madeira que a suporta. E a Terra desabará...' O texto correto, conhecido pelos Guaranis, dizia o seguinte: 'Quando Nyanderykey, o Salvador e Herói, vier como Juiz para as criaturas humanas, ele ordenará aos seus servos que derrubem a cruz de madeira, queimando-a. Pois a cruz de madeira foi implantada na Terra por Anyay (Lúcifer) como sinal de seu domínio na Terra...'."

Mencione-se de passagem que o profeta Isaías faz uma alusão a isso em seu livro bíblico: "Mas naquele Dia, diz o Senhor dos Exércitos, a estaca, firme no lugar, será retirada: ela vai ceder e cair, e tudo o que nela estava pendurado virá ao chão" (Is22:25).

Os famosos Oráculos Sibilinos também fazem menção ao Filho do Homem e ao Juízo Final. Nesses Oráculos se diz que um Rei-Messias introduzirá o reino eterno de Deus sobre todos os homens, e que todos os povos reconhecerão a lei de Deus. Apesar de esses Oráculos terem chegado até nós bastante desfigurados devido a múltiplas interpolações cristãs, ainda é possível extrair deles algumas informações úteis, particularmente nos livros 3 e 4, que são os mais antigos. Neles se pode ler que o Senhor enviará um "Rei do Sol" para executar Seu Juízo, que as nações serão castigadas e que grandes sinais no céu e na Terra anunciarão sua aproximação. Também há um angustiante chamamento aos seres humanos para que se arrependam e mudem de conduta, do contrário Deus purificará o mundo pelo fogo. O primeiro trecho reproduzido a seguir descreve a vida dos homens piedosos (que continuarão existindo) e a Ira do Todo-Poderoso para com os idólatras; o segundo trecho narra como será a vida na Terra após o Juízo:

> "A raça santa de homens piedosos continuará existindo, prostrados diante da vontade do Altíssimo.(...) Eles não honram, movidos por vãos enganos, nem as obras dos homens, de

ouro ou de bronze, de prata ou de marfim, nem as imagens de madeira ou de pedra de deuses já mortos, estátuas de argila pintadas de vermelho. (...) Pelo contrário, erguem ao céu seus braços santos, sem deixar de purificar com água sua pele desde que, madrugadores, abandonam o leito; e honram só o Imortal que eternamente nos protege. (...) O Imortal imporá a todos os mortais ruína, fome, sofrimentos e lamentos, guerra, peste e dores que causarão lágrimas, porque ao Imortal, Criador de todos os homens, não quiseram honrar com religiosa piedade, e honraram com veneração os ídolos." (OrSib3:573-605)

"Terá lugar, então, o Juízo, em que o próprio Deus será novamente Juiz do mundo; a quantos por impiedade pecaram, outra vez a terra amontoada sobre eles os ocultará, e o Tártaro tenebroso e as profundezas horríveis da Geena. E quantos são piedosos novamente viverão sobre a Terra, porque Deus conceder-lhes-á, ao mesmo tempo, espírito e graça por sua piedade. Então todos se verão a si mesmos ao contemplar a agradável luz do brando Sol. Bem-aventurado o homem que nesse tempo chegar a viver sobre a Terra." (OrSib4:179-191)

Pouco depois da época da Sibila de Cumas, no século I a.C., o poeta latino Virgílio elaborou um poema onde exaltava o nascimento de uma criança, à qual se vinculava uma nova Idade de Ouro, "quando a natureza reassumirá sua forma paradisíaca e a serpente perecerá".

Os textos conhecidos como "Documentos de Sadoc", descobertos numa sinagoga do Cairo em fins do século XIX, têm sua autoria atribuída aos essênios. Neles aparecem narrativas sobre uma batalha final que ocorreria entre o bem e o mal no mundo. Segundo os pesquisadores, os essênios acreditavam na preexistência da alma e sabiam da reencarnação, e por conseguinte negavam a ressurreição da carne. A serem verdadeiras essas informações, esse grupo teria sido um dos mais evoluídos daquela época. Flavio Josefo, o historiador judeu que viveu no século I da nossa era, certamente devia ter suas razões para elogiar tão efusivamente os essênios, seus contemporâneos: "Os essênios são as pessoas mais honestas do mundo, são tão boas como as suas palavras", garante ele. Um aspecto notável é a profunda reverência para com o nome do Criador. Pronunciar o santo nome de maneira displicente era uma transgressão passível de expulsão da comunidade essênia.

Sobre os chamados Manuscritos de Qumran, ou Manuscritos do Mar Morto como são mais conhecidos, encontrados em 1947 e cuja autoria também se atribui aos essênios, é significativa a menção da permanente luta entre o bem e o mal até o "Dia derradeiro", em que se assistirá ao triunfo do Príncipe da Luz sobre o Anjo das Trevas. Os essênios aguardavam a vinda de um Messias que seria ao mesmo tempo rei e sacerdote.

Os Manuscritos de Qumran falam sobre a "diferente retribuição dos que buscam a Verdade, que se levantarão para o Julgamento e serão recompensados por toda a eternidade, e dos filhos da iniquidade, que desaparecerão completamente." O Príncipe da Luz é designado também de "Filho de Deus" e "Filho do Altíssimo", a quem são atribuídas as funções de efetuar o Julgamento, libertar os cativos e estabelecer a Era da Salvação. Os filhos da Luz são regidos por esse Príncipe da Luz; eles "trilham os caminhos da Luz e praticam a Verdade", enquanto os "filhos da iniquidade trilham os caminhos das trevas". João disse praticamente a mesma coisa em seu Evangelho (cf. Jo3:20,21).

A comunidade de Qumran esperava por dois messias distintos. O primeiro abriria caminho para a atuação do segundo: um Messias-real, descendente de Davi, e um Messias-sacerdote, que seria de máxima importância para o mundo. Os estudiosos identificam facilmente o primeiro com Jesus, mas o segundo lhes permanece um mistério... Além disso, nenhum dos dois aparece com qualquer função expiatória de pecados...

Os essênios de Qumran aguardavam a chegada de um dia crítico, em que Deus interviria na História. Aliás, não somente eles, mas o povo judeu em geral acreditava que um dia o Senhor iria interferir na História humana e manifestar Seu poder real diante de todo o mundo: o tão aguardado "Dia do Senhor", vaticinado pelos profetas do Antigo Testamento.

Todos esses textos de Qumran são muito antigos, alguns com data estimada de composição no século III a.C. Nesses escritos há especialmente duas passagens muito nítidas sobre o tempo do Juízo Final. A primeira diz o seguinte:

> "Mas Deus, em Seus mistérios de inteligência e em Sua gloriosa sabedoria, pôs um termo à existência da perversidade; e no momento da visita Ele a exterminará para sempre. E a Verdade se instalará permanentemente no mundo; pois o mundo se enlameou nos caminhos da impiedade, sob o domínio da perversidade até o momento do Julgamento decisivo."
> (Regra, IV, 18-20)

A frase "a Verdade se instalará permanentemente no mundo" indica a previsão da chegada à Terra da

Palavra da Verdade, trazida pelo Filho do Homem. O segundo trecho fala da chegada de uma personalidade especial no final dos dias, chamada de Mestre da Justiça:

> "E o bastão (o Legislador) é o pesquisador da Lei... E os nobres do povo são aqueles que vêm para cavar o poço por meio dos preceitos que foram promulgados pelo Legislador, para que neles caminhassem todo o tempo da impiedade... até a chegada do Mestre da Justiça no final dos dias."
> (Escrito de Damasco, A, VI, 7-11)

Os essênios acreditavam que o Mestre da Justiça chegaria no final dos dias e explicaria a sabedoria de todos os profetas anteriores. Nesse mesmo manuscrito, intitulado *Escrito de Damasco,* está dito que o Mestre da Justiça será levantado por Deus nos últimos tempos "para mostrar à última geração o que Deus estava para fazer com a última geração" (Ed1:11). O derradeiro estágio da promessa ocorrerá quando Deus "revelar através dele novas instruções". Num outro manuscrito, que comenta o livro do profeta Habacuc, se diz que embora esse profeta soubesse o que iria acontecer nos últimos dias, foi somente ao Mestre da Justiça que "o tempo do cumprimento foi revelado", pois a ele "Deus fez conhecer todos os mistérios das palavras dos seus servos, os profetas".

Um outro fragmento desses Manuscritos é bastante elucidativo sobre a natureza e missão do Filho do Homem:

> "Ele será chamado grande e designado com Seu nome. (...) Ele será chamado Deus, e eles vão designá-lo Filho do Altíssimo. (...) Seu reino será um reino eterno, e todos os seus caminhos serão em justiça. Ele vai julgar. Vai julgar a Terra com justiça, e todos vão fazer a paz." (4Q246)

Os estudiosos novamente se perguntam por que esse Filho do Altíssimo aparece aqui como um herói militar, numa descrição tão diferente de Jesus e de seu ministério...

Por fim, temos mais essa significativa declaração extraída dos Manuscritos, cuja alusão à redenção efetivando-se através da lei da reciprocidade nem precisa de comentários, de tão clara: "Quanto a mim, minha justificação é com Deus. Ele apagará minhas transgressões por meio da Sua justiça."

Seguindo em ordem cronológica, no século II da nossa era, o bispo Pápias escreveu sobre um tempo "em que a Criação, renovada e liberta, produzirá fartamente todos os tipos de alimentos, com o orvalho do céu e a fertilidade da terra". Uma descrição viva de uma época áurea, cuja chegada inúmeras profecias preconizam para depois do período de depuração mundial.

Nesse mesmo século, o teólogo Tertuliano parece ter vislumbrado uma sequência lógica para o estabelecimento da justiça no mundo, cujo ápice seria dado pelo próprio Espírito Santo: "Tudo amadurece, a justiça também. Em seu berço, ela não foi senão natureza e temor a Deus. A lei e os profetas foram sua infância; o Evangelho, sua juventude; o Espírito Santo lhe dará sua maturidade." Tertuliano, que abominava o uso de imagens, era um cristão muito lúcido, a própria figura do verdadeiro cristão, que efetivamente seguia os ensinamentos de Cristo. Para ele, a morte de Jesus não tivera nenhum caráter expiatório, devendo servir apenas para levar o pecador ao arrependimento. Acreditava também que, uma vez batizado, o cristão não poderia cometer mais nenhuma falta grave, sob pena de perder a salvação. Infelizmente, com o passar dos séculos, palavras verdadeiras e exortadoras como essas de Tertuliano sucumbiram sob o fardo de doutrinas afastadas da Verdade, que dispensam o espírito humano de sua responsabilidade pessoal por todos seus pensamentos, atos e intuições.

Por volta do ano 450 da nossa era, um asceta chamado Comodiano deixou consignada uma significativa profecia sobre a atuação do Filho do Homem, chamado por ele de "rei justo". Aqui, alguns extratos:

> "Retornada a paz e suprimidos os males, o rei justo e vitorioso submeterá os vivos e os mortos a um julgamento terrível. (...) Aos justos ele concederá a paz eterna, reinará com eles nesta terra e fundará a cidade santa. E esse reinado dos justos durará mil anos."

Prosseguindo, deparamo-nos com Hildegard von Bingen (1098–1179). Ela foi uma monja beneditina, autora de várias obras musicais e dos dois únicos livros de medicina escritos na Europa do século XII, os quais abrangiam conhecimentos aprofundados de plantas medicinais. Hildegard igualmente deixou transcritas em livros suas predições. Digna de nota é esta alusão à ação do Grande Cometa:

> "Antes que o cometa venha, muitas nações, excluídas as boas, serão flageladas com penúria e fome. (...) Por sua tremenda pressão, o cometa forçará muita água do oceano para fora e inundará muitos países... Todas as cidades costeiras serão vulneráveis e muitas delas serão destruídas (...) e a maioria dos entes vivos serão mortos... Pois em nenhuma dessas cidades alguma pessoa vivia de acordo com as leis de Deus."

Na Idade Média também houve outros que intuíram acertadamente o advento da época do Juízo e a posterior instauração de um reino de paz, o Reino de Mil Anos. Nos seus sermões pronunciados em Florença nos anos de 1490 e 1491, o dominicano Girolamo Savonarola (1452-1498) predisse que os inúmeros vícios da Igreja eram prenúncios da proximidade do Juízo Final. Savonarola, naturalmente, foi excomungado, preso, enforcado e teve seu corpo reduzido a cinzas.

O abade calabrês Joaquim de Fiore (1130?-1202), por sua vez, afirmava que passada a época das provações viria "o tempo do Espírito, a hora da compreensão espiritual". Após a travessia de um período trágico (Juízo Final), o mundo de miséria e injustiça se transformaria numa terra de felicidade. Nesse tempo, afirmava ele, não haveria mais necessidade de se escrever livros para explicar as Escrituras, porque o Evangelho segundo a letra seria substituído pelo Evangelho Eterno... Nessa época áurea, dizia o abade, "a Verdade nos será dada em sua simplicidade, e os fiéis contemplarão os mistérios em plena luz"; será "o tempo do Espírito, a hora da compreensão espiritual". A humanidade veria, então, a decifração da Mensagem divina. Esse "Evangelho Eterno" aludido pelo abade é seguramente o mesmo indicado no livro do Apocalipse, designado ali de "Mensagem a anunciar aos habitantes da Terra, a toda nação, tribo, língua e povo – um Evangelho Eterno" (cf. Ap14:6), que outro não é senão a futura Mensagem que seria trazida pelo Filho do Homem, a Palavra da Verdade. Eterno será porque escrito pelas próprias mãos dele, e não por terceiros várias décadas depois de sua passagem pela Terra.

Joaquim de Fiore anteviu uma época de profundo reconhecimento espiritual, designado por ele de "terceiro estado da humanidade", sob o domínio do próprio Espírito Santo. Segundo ele, depois do tempo da lei e da graça (Antigo e Novo Testamentos) viria o tempo da "maior graça", durante o qual a natureza se transformaria e se embelezaria, e a liberdade espiritual floresceria no mundo. Nessa idade de plenitude, cessariam as preocupações e os sofrimentos. Essa época seria um novo Pentecostes*, onde o Espírito

---

* Pentecostes era o nome que se dava à "Festa das Semanas" ou "Festa da Colheita" (cf. Ex23:16), celebrada sete semanas depois do começo da colheita do trigo. Sete semanas correspondem a 50 dias, daí o nome de Pentecostes (do grego *pentekostes* – quinquagésimo). As festas da Páscoa (do hebraico *pessah* – passagem) e dos Ázimos (pães sem fermento) foram fundidas e fixadas no 14º dia do mês de Nisã, e a partir daí a Festa das Semanas recebeu uma data regular no calendário judaico: sete semanas (50 dias) após a Páscoa, que atualmente comemora a saída dos hebreus do Egito. No Judaísmo, o Pentecostes passou a lembrar a outorga da lei a Moisés. No Cristianismo, o Pentecostes celebra a descida do Espírito Santo sobre os apóstolos reunidos no cenáculo, que teria ocorrido 50 dias após a Páscoa cristã. A data da Páscoa cristã foi fixada no século II pelo papa Vitor I.

Santo operaria a conversão e faria os seres humanos desejarem a felicidade eterna. O povo desse terceiro estado seria repleto do Espírito, sábio, pacífico e digno de amor. Joaquim de Fiore traça algumas metáforas para descrever os três períodos da humanidade que concebeu:

> "O primeiro estava sob a luz das estrelas; o segundo é o momento da aurora; o terceiro será o do pleno dia. O primeiro era o inverno; o segundo, a primavera; o terceiro será o verão. O primeiro trouxe urtigas; o segundo traz rosas; o terceiro trará lírios. O primeiro produziu ervas; o segundo produz espigas; o terceiro fornecerá frumento."

Numa outra parte de sua obra, Joaquim de Fiore reafirma objetivamente suas convicções sobre os três estados e a Verdade total que seria trazida pelo Espírito Santo, o segundo Filho de Deus-Pai, em cumprimento da promessa de Jesus:

> "Sabei que o primeiro estado está relacionado ao Pai, o segundo ao Filho de Deus, e o terceiro ao Espírito Santo. (...) Assim como no primeiro período o Pai mostrou-se terrível e amedrontador, Deus-Filho, no segundo, mostrou-se cheio de piedade, mestre e doutor

que manifesta a Verdade. (...) Mas, no terceiro estado, o Espírito Santo se mostrará e se oferecerá como a chama e o fogo do amor divino, como a adega do vinho espiritual, como a farmácia dos unguentos espirituais. Então, não apenas nossa inteligência verá na simplicidade a Verdade total da sabedoria do Filho encarnado e do poder de Deus-Pai, mas também o homem poderá experimentar, apalpar e saborear a promessa de Cristo: 'Quando vier o Espírito da Verdade, ele vos ensinará toda a Verdade'."

O franciscano José de Parma, discípulo de Joaquim de Fiore, escreveu uma obra intitulada Introdução ao Evangelho Eterno, que foi queimada pela Igreja no ano 1260. O trecho a seguir, selecionado da compilação de um manuscrito sobrevivente, único no mundo, feita pelo escritor George Sand em 1837 e reproduzida por Jean Delumeau em sua obra Mil Anos de Felicidade, demonstra que o discípulo compreendeu muito bem seu mestre, e também esclarece por que o destino do texto original foi a fogueira da Santa Sé:

"A religião tem três épocas como o reinado das três pessoas da Trindade. O reinado do Pai se estendeu durante a lei mosaica. O reinado do

Filho, isto é, a religião cristã, não deve durar para sempre. As cerimônias e os sacramentos, nos quais essa religião se envolve, não devem ser eternos. Deve vir um tempo em que esses mistérios cessarão, e deve então começar a religião do Espírito Santo, na qual os homens não terão mais necessidade de sacramentos, e prestarão ao Ser Supremo um culto puramente espiritual. O reinado do Espírito Santo foi predito por São João, e é esse reinado que vai suceder à religião cristã, como a religião cristã sucedeu à lei mosaica. (...) Essa religião não abjurará o espírito do Cristianismo, mas o despojará de suas formas."

Na sequência, surge no horizonte Johann Friede (1204-1257), um monge austríaco que também fez várias predições interessantes sobre o tempo do Juízo Final. São dele essas palavras:

"Quando chegar a grande época em que a humanidade enfrentará seu último e árduo Juízo, isso será prenunciado por uma impactante mudança na natureza. A alternação entre frio e calor se tornará mais intensa, as tempestades terão efeitos catastróficos, terremotos destruirão as grandes regiões e os mares inundarão muitas terras baixas. Nem tudo isso será o resultado de causas naturais, mas a humanidade penetrará nas entranhas da terra e alcançará as nuvens, pondo em risco sua própria existência. Antes que o poder de destruição triunfe em seu empenho, o universo será atirado à desordem e a idade do ferro* mergulhará no nada. Quando as noites estiverem cheias com um frio mais intenso e os dias com calor, uma nova vida principiará na natureza. O calor significa radiação da terra; o frio, o desvanecimento da luz do Sol. (...) Quando até sua luz artificial deixar de ser útil, o grande evento no firmamento estará próximo..."

Quando a luz do Sol se mostrar alterada, estará próximo *o grande evento no firmamento* diz Johann Friede, referindo-se a vinda do Cometa do Juízo. Friede ainda diz textualmente que "nos palácios das igrejas se esperarão pela chegada do Grande Cometa"... É bastante significativo que ele tenha usado exatamente a expressão "Grande Cometa", já no século XIII. Diz ele também que haverá "uma

---

* Essa idade do ferro não é aquela descrita pela arqueologia, mas sim no sentido da "era negra" atual, mencionada pelos hindus. A idade do ferro é a idade da degeneração que substituiu a antiga idade do ouro, evento muito bem retratado na abertura do poema épico da criação do mundo de Públio Ovídio (43 a.C.–17 d.C.).

escuridão absoluta que durará três dias e três noites" e que "os homens se suicidarão para não ver o acontecimento insólito". Essa última imagem mostra uma espécie de desespero coletivo, provavelmente decorrente das grandes transformações geológicas provocadas pelo cometa.

Além das profecias de Johann Friede sobre o Juízo e das concepções de Joaquim de Fiore e José de Parma sobre o advento do Reino do Milênio sob o império do Espírito Santo encarnado, ainda encontramos aqui e ali outros textos medievais que fazem referências à época do Juízo Final. Os textos escatológicos que conseguiram sobreviver às chamas inquisitoriais da Idade Média são, via de regra, de difícil interpretação, dada a abundância de alegorias e metáforas, mas o cântico milenarista reproduzido a seguir, datado do ano 1419, constitui uma exceção pela sua clareza:

> Vigia, chama sem descanso,
> Tu que conheces a Verdade,
> Monta a guarda.
> Toma o vinho, a água, o pão.
> Pois se aproxima tua hora,
> E deles terá necessidade.
> Anuncia o Dia em que virá teu Senhor,
> Anuncia seu grande poder.
> Em breve ele descerá à Terra,

E te ordenará que retornes à tua casa.
A Verdade governará,
A mentira será vencida eternamente.
Homem, presta bem atenção,
Guarda isto na memória.

Cabe destacar que ainda no século XIII circulou na Europa um documento anônimo intitulado "Reformation Kaiser Sigmunds" (Reforma do Imperador Sigismundo). O texto afirma que "o mundo está subvertido" e que "não há mais ordem", e anuncia a vinda nos últimos dias de um rei-sacerdote de origem germânica. Este seria chamado de *Secundus Davi* – novo Davi, e *Lux Mundi* – Luz do Mundo, um título que Jesus também deu para si mesmo: "Enquanto estou no mundo, sou a Luz do Mundo" (Jo9:5).

Vários espíritos preparados atuaram junto ao povo alemão a fim de aparelhá-lo para sua missão nos últimos tempos, dentre os quais, Lutero. Além de ter contribuído para a diminuição dos múltiplos dialetos então existentes na língua alemã, o Reformador também deu uma sacudida prévia nos germanos com seu "Apelo à Nobreza da Nação Alemã", de 1520, por meio do qual procurou lhes abrir os olhos contra os desmandos da Igreja na época. Referindo-se a seus patrícios alemães, o teólogo Schleiermacher, por sua vez, dirigiu-lhes a seguinte exortação no início do século XIX: "Não é uma predileção cega pelo chão pátrio ou pelos que comigo compartilham constituição e língua que me faz falar assim, e sim a convicção interior de que vocês são os únicos capazes e portanto também dignos de que lhes seja estimulado o sentido para coisas sagradas e divinas."

As antigas lendas do Graal também aludem indiretamente à vinda do Filho do Homem, designado nesses relatos com o nome de Parsival* (pronuncia-se *Párzifal*). Ao se aprofundarem em seus estudos, os autores do chamado Ciclo do Graal hauriram de fontes mais elevadas as notícias sobre a existência do Graal. O que aconteceu aí, infelizmente, foi que ao transporem para o plano terrenal as imagens recebidas espiritualmente, condensaram-nas em conceitos demasiado terrenos de sua época, o que provocou uma mistura que trouxe confusão.

Essas narrativas épicas falam de um reino que se tornou estéril em virtude do desaparecimento do Graal. O cavaleiro que encontrasse o Graal restauraria o reino e faria florescer a terra antes infértil, tornando-se Rei do Mundo. Também aqui é possível reconhecer o certo em meio ao emaranhado de conceitos torcidos, desde que o pesquisador faça uso de uma bússola confiável. A verdadeira figura de Parsival,

---

* O leitor encontrará esclarecimentos sobre esse tema na obra Na Luz da Verdade, de Abdruschin.

por exemplo, o auxiliador na calamidade, nem de longe se coaduna com a imagem que se obtém dele nessas epopeias do ciclo do Graal.

Os próprios nomes com que Parsival aparece nos vários relatos já demonstram a dificuldade que os autores medievais tiveram em transmitir para o âmbito da matéria as imagens hauridas de planos mais elevados: Percival, Perlesvaus, Parzival. Também sua missão propriamente dita aparece diminuída nos relatos. Ele, por exemplo, não precisava absolutamente descobrir por que existe uma "lança cujo fluxo de sangue nunca seca". Trata-se aí de uma imagem espiritual do efeito da atuação de Lúcifer junto aos espíritos humanos, conforme esclarece Abdruschin em Na Luz da Verdade. O relato de Loherangrin ser um "filho" de Parsival também possui um sentido espiritual, que pode igualmente ser desvendado no estudo da obra de Abdruschin.

Mas há também algumas imagens de grande beleza e profundo significado, como nesse extrato de "A busca do Graal", do século XIII, sobre acontecimentos vivenciados no dia de Pentecostes, muito semelhante à narrativa bíblica encontrada em Atos dos Apóstolos (cf. At2:1-4): "Quando estavam todos sentados e o barulho amainou, veio estalo de um trovão tão alto e terrível que acharam que o palácio ia cair. De repente, o salão foi iluminado por um raio de sol que lançou um fulgor pelo palácio sete vezes mais claro do que estava antes. Neste momento, estavam todos iluminados como deve ser pela graça do Espírito Santo. 'Devemos ficar felicíssimos porque Nosso Senhor nos mostrou um sinal de tamanho amor (...) num dia tão solene quanto Pentecostes', [disse Artur]."

A imagem apresentada da magnificência do Graal, "brilhando com Luz divina", e que "só alimenta aqueles que se aproximam dele de coração puro", é também de grande beleza: "Águas desta fonte nunca falham, por mais que dela se retire; ela é o Santo Graal, é a graça do Espírito Santo. (...) Imaterial, onipresente, cercado de seres celestiais, é todo-poderoso e possuidor de graça milagrosa: é o símbolo de Deus."

As lendas também afirmam que uma vez por ano o Espírito Santo desce sobre o Graal em forma de pomba. Contudo, essa imagem foi novamente terrenalizada ao mostrar esse acontecimento ocorrendo em toda sexta-feira da Paixão, e com a pomba trazendo uma hóstia no bico.

Também são bastante significativos os relatos da falha do rei Amfortas e o castigo daí decorrente, descritos no poema *Parzival*, de Wolfram von Eschenbach, igualmente do século XIII: "Certo dia, o rei estava fora cavalgando sozinho – isso sucedeu para grande tristeza do seu povo – em busca de aventuras, procurando a alegria pela condução do amor, a isso compelido pelo desejo do amor. Foi ferido na justa por uma lança envenenada, de modo que nunca mais recuperou a saúde."

Todas as tentativas dos súditos de curar a ferida do rei falham, e em consequência desse ferimento a terra do reino se torna devastada. Então eles proclamam: "Caímos em genuflexão diante do Graal. Ali então vimos escrito que um cavaleiro estava destinado a chegar. (...) Ele possuirá o reino, e nossa angústia terminará, pela autoridade da mais nobre mão. Amfortas será assim curado, embora nunca mais possa ser rei." Parsival cura Amfortas e restaura a ordem no reino do Graal. Numa interpretação posterior, Parsival obtém o verdadeiro conhecimento da condição humana através da compaixão.

Para quem sabe que as lendas do Graal são relatos de eventos ocorridos em planos mais elevados, torna-se um enigma imaginar como e por que afinal Amfortas pôde falhar em sua missão de guardião do Graal. Ocorre que a região onde atuava Amfortas situava-se ainda no âmbito da matéria, embora em suas ramificações mais elevadas, não visíveis a nós, seres humanos terrenos, que vivemos na parte mais grosseira da materialidade. E o que se encontra na matéria está suscetível a tentações, devido ao princípio errado de Lúcifer, e por conta disso também sujeito a falhas, culpas, castigos e remições. Foi o que aconteceu com Amfortas. O estudo das lendas do Graal com base na Mensagem do Graal de

Abdruschin pode esclarecer muitos outros aparentes mistérios constantes dessas epopéias, principalmente em relação à missão do Filho do Homem.

Prosseguindo, chegamos ao século XV, quando uma vidente inglesa chamada Úrsula, que passou para a posteridade com o codinome de "Mother Shipton", fez várias previsões sobre a época atual, algumas bastante interessantes, citando também explicitamente a vinda do Filho do Homem. No entanto, suas alusões a esse respeito são um tanto incongruentes, dando ensejo a múltiplas interpretações. Como exceção, há essa passagem sobre a época pós-purificação, depois de uma "uma batalha entre muitos reinos" e de o Filho do Homem ter sido "coroado":

> "Haverá uma paz universal sobre o mundo todo e deverá haver muitos frutos e então ele [o Filho do Homem] deverá ir para a Terra da Cruz."

No início do século XVI surgiu uma obra de um autor anônimo alemão intitulada "O Livro dos Cem Capítulos". O historiador Jean Delumeau se deu ao enorme trabalho de organizar o texto, segundo ele bastante confuso. O foco é o anúncio de uma vingança divina em razão do desregramento religioso, moral e social que imperam na Terra. O texto descreve a vinda de um rei que restauraria a justiça, após um período de grande sofrimento, com desordem dos elementos, grandes tremores de terra e epidemias. O autor afirma que "ele será muito sábio e rigoroso em seus julgamentos", e que "Deus lhe concederá a coroa que dá o poder de submeter o mundo inteiro". Esse rei salvador iria regenerar e pacificar toda a Terra e estabelecer o milênio de felicidade.

O século XVI também viu nascer o vidente que iria tornar-se sinônimo de profecia nos séculos vindouros: *Nostradamus,* nome latinizado de Michel de Nostredame (1503–1566). Sua obra principal, "As Centúrias" só foi menos estudada do que a Bíblia.

O problema é que essa obra é deliberadamente confusa e difícil de ser interpretada. Sempre que algum acontecimento de vulto atinge a humanidade, logo surgem vozes afirmando que Nostradamus previu tal e tal acontecimento nesta ou naquela quadra das Centúrias. Isso então desencadeia esforços redobrados para se tentar descobrir acontecimentos futuros no restante da obra, e mais e mais livros surgem sobre o tema. Infelizmente, um esforço quase sempre infrutífero.

Nostradamus era de origem judaica, numa época em que a Inquisição ainda estava muito ativa na Europa. Sua família fora convertida compulsoriamente ao catolicismo, o que o deixava sob suspeição permanente das autoridades eclesiásticas da época.

Assim, para escapar de um processo de heresia, Nostradamus optou por escrever sua obra numa linguagem cifrada, metafórica, misturando símbolos e termos de várias línguas, como o francês arcaico, o provençal, o grego, o latim e ainda outros idiomas, num estilo marcadamente ambíguo. Muitas quadras são completamente incompreensíveis, permitindo as mais variadas interpretações. Por isso, muitos versos foram usados como propaganda política ao longo dos séculos, e o continuam sendo nos dias de hoje. O que realmente importa, ao se observar a obra de Nostradamus como um todo, é constatar que ele, sem dúvida nenhuma, previu acontecimentos terríveis para a humanidade do futuro, correspondendo ao tempo do Juízo Final. Este pequeno excerto sobre as condições da vida na Terra no tempo da chegada do Grande Cometa dá um testemunho disso: "Subitamente a vingança se revelará. Uma centena de mãos, sedentas e famintas, quando o cometa passar."

Na época contemporânea, destacam-se os textos de Jakob Lorber (1800–1864) e Pietro Ubaldi (1886–1972). Lorber nasceu na Áustria, foi músico e professor. Pietro Ubaldi era italiano, formado em Direito e Música.

De Lorber, são bastante significativas as passagens a seguir, extraídas de suas obras, sobre os acontecimentos concernentes ao Juízo Final:

"E logo chegará a hora em que a estrutura social de sua sociedade, que vocês julgam eterna, desmoronará. (...) Horríveis cataclismos acontecerão, calamidades nunca vistas assolarão o planeta. Acidentes, doenças e catástrofes naturais precederão a grande destruição, e serão as últimas tentativas de salvação do que pode ser salvo. (...) O desenvolvimento dos acontecimentos não se dará de maneira abrupta, de uma só vez, mas sim gradativamente, como o verão transforma-se em outono e o outono em inverno. Ocorrerão grandes terremotos na Terra e tempestades no mar. Em muitas regiões o mar engolirá a costa e os homens ficarão apavorados, pensando nos desastres que ainda assolarão a Terra. (...) Muitos sinais nos céus e muitos videntes e profetas avisarão os seres humanos, mas poucos ligarão. (...) E assim vocês têm avisos e profecias mais do que suficientes."

Sobre Pietro Ubaldi pode-se dizer que foi um filósofo espiritualista cristão. Os extratos de suas obras selecionados a seguir, referentes ao desencadeamento do Juízo, confirmam o fato de que toda pessoa que se aprofunda com sinceridade num determinado tema, consegue haurir de fontes de inspiração mais elevadas, sendo desse modo capaz de trazer aos seus semelhantes na Terra ensinamentos realmente valiosos.

Muitas pessoas têm dificuldade de aceitar que um profeta possa fazer predições sérias no tempo presente. Em relação aos antigos profetas, todos estão prontos a estudar e aceitar os vaticínios, sem problemas. Mas quando se lhes apresenta um profeta do tempo atual, a primeira reação é de desconfiança. Entretanto, isso não procede. Pessoas agraciadas com o dom da profecia existiram em todos os tempos, em vários povos. É preciso apenas discernir os que realmente trazem exortações valiosas de algum charlatão qualquer. A intuição de cada um tem nisso um papel preponderante. Vamos, pois, às predições de Pietro Ubaldi:

> "Não está longe o dia em que somente uma será a divisão entre os homens: justos e injustos."

> "Uma grande transformação se aproxima para a vida do mundo. (...) O momento histórico atual é muito grave. Ele está se tornando cada dia mais grave. Somos chegados à plenitude dos tempos. Pregações foram feitas bastantes, avisos foram dados, mas o mundo continuou pelo seu caminho sem prestar ouvidos."

"Neste ponto a humanidade se encontra no caminho da descida. A multidão é ignorante e obstinada, e se faz forte pelo número. Tendo ela tomado demasiada velocidade na descida, sempre mais difícil se torna retomar o caminho da subida. Agora somos chegados a um ponto que nem mesmo com uma explicação racional apoiada na lógica e na ciência se poderá obter a verdadeira compreensão. A destruição, então, se faz necessária, visto que aquele que quer parar o progresso da vida, por esta mesma vida será destruído, pois a lei quer que ele avance, e por isso, ela afasta todos os obstáculos. (...) Haverá destruição somente do que é forma, incrustação, cristalização, de tudo o que deve desaparecer, para que permaneça apenas a ideia, que sintetiza o valor das coisas."

"O fenômeno deve de qualquer maneira ser resolvido. As forças progridem e devem de qualquer modo realizar-se. Não há outro caminho que não seja o do aceleramento. Que os maus, como fala o Apocalipse, tornem-se cada vez piores, e os bons cada vez melhores, de modo que eles sempre mais possam se separar uns dos outros, e a justiça se cumpra. Neste ponto, a solução não mais se pode encontrar voltando para trás, mas somente no choque violento entre as forças do mal e as do bem, pelo fato de que já estamos na guerra, e não podemos chegar ao fim senão como vencedores ou como vencidos."

"Chegou a hora do grande julgamento, no qual se terá de fazer a prestação de contas. Aqueles que mais dificilmente poderão ser salvos são os astutos, os poderosos, que são os maiores responsáveis, por terem eles nas mãos os meios de direção da riqueza e do poder."

"Assim, o homem louco vai criando para si um destino de dor. Ele é o arquiteto do seu próprio futuro. Com a sua avidez, ele cria a sua miséria, com o seu orgulho, a sua humilhação, com a sua prepotência, a sua derrota. Trata-se de uma lei de causa e efeito, de continuidade e de equilíbrio, que é confirmada por todas as outras leis que a sustentam, e que são por nós conhecidas no mundo físico e dinâmico. Esta teoria é a que mais concorda com tais leis. Ela poderia renovar o mundo. Hoje o homem está enlouquecido pelo sucesso e faz consistir seu valor na aquisição e no acúmulo da riqueza, sem dar importância aos meios usados. Vencer é o grande sonho, seja de que maneira for, pois o vencedor é sempre admirado."

"Mas no Alto há uma lei de justiça inexorável: os débitos devem ser pagos; quem faz o mal, o mal receberá, quem faz o bem, a ele fará jus. Podemos semear livremente! Mas depois o fruto será fatalmente nosso. Então, para que serve o triunfo efêmero do mais forte contra o mais fraco? Que ficou de definitivo de todos os triunfos registrados pela História?"

"Tudo serve somente para fazer da Terra um inferno, um teatro de guerras, sem paz e segurança para ninguém, bem como para chegar à dor, que é a grande mestra que nos ensina a não errar mais. Quem esmaga será esmagado. Quem furta para enriquecer, empobrece. Quem faz sofrer o próximo, a este deverá depois pagar a sua dívida com a sua própria dor."

"Nesta hora, não é mais tempo de palavras e avisos, mas de ação. Precisa-se enfrentar os acontecimentos. Os homens continuam a fazer seus negócios e embora nas palavras digam o contrário, na prática eles dão provas de serem ateus, não importa a qual religião ou fé pertençam. Em todos os grupos a maioria acredita só na força material, nas armas, no poder do dinheiro."

"Mas logo chegará o tempo no qual as armas servirão só para exterminar uns aos outros, ricos e pobres, senhores e servos, vencedores e vencidos. Tempo chegará no qual ter dinheiro de nada adiantará, porque no desfazimento do conjunto social, acabará toda confiança em qualquer pessoa e não será possível ficar forte como poder político, porque ninguém obedecerá mais a ninguém."

"É justo que um mundo bem polido de ideias, mas em substância feito num egoísmo sem limites e dum ateísmo desorganizador, isto é, de individualismo separatista contra a ordem da lei de Deus, acabe por cair no abismo do caos. Neste ponto isto é fatal. Isto é o efeito de causas que a humanidade livremente estabeleceu nos séculos passados. A liberdade humana não chega ao ponto de modificar a lei e de evadir-se do princípio de causa e efeito, que nos liga às consequências das nossas ações do passado. Assim o homem quis e assim seja."

"A conclusão destas afirmações é que, pela sua própria natureza, a nossa civilização mecânica sempre mais propende para a supressão dos valores morais que, ao contrário, deveriam ser os dirigentes, e tende a regredir por conseguinte, à autodestruição, porque a vida elimina tudo o que opera contra ela. Eis como se explica que numa hora assim apocalíptica, presenciemos a uma fatal derrocada espiritual e moral, neste terreno das funções diretivas. Eis porque, hoje, a humanidade mostra uma tão grande inconsciência. Perante tão terríveis perspectivas, o homem prefere continuar com seus ridículos e velhos jogos: aturdir-se nos gozos para esquecer, amontoar dinheiro, tornar-se politicamente poderoso, fabricar armas. Velhos expedientes que não salvaram a humanidade, que não impediram o desencadeamento da tempestade nas horas trágicas das grandes voltas da História. Tudo será inútil. Ficará somente uma defesa: ser conforme à lei, isto é, ser justo."

"O erro está em cuidar do menos importante, sem olhar para o que é o mais urgente e necessário. As leis da vida que toleram este erro desde séculos, na atual volta histórica, exigem que ele seja corrigido, impondo o triunfo dos valores substanciais. É assim que a hora histórica chegou e os tempos estão amadurecidos, porque o limite da suportação, permitido pela elasticidade da Lei, foi superado. Eis então que no momento em que o cataclismo apocalíptico está pronto para desencadear-se sobre o mundo, poucos pensam substancialmente em defender-se; ou, pelo menos, fazem isso duma maneira leviana e em vão. Amontoar riquezas, poderes, armas, será inútil, nada adiantará. E poucos pensam, em nosso mundo que está para ruir, que a única maneira para salvar-se é ser honesto. E a punição é a sua justiça, porque isto foi merecido, está exatamente na incapacidade de compreender que este é o único caminho para a salvação. Esta incapacidade de chegar, justamente, porque aqueles que não o merecem não devem ser salvos."

"A salvação não se baseia sobre nenhuma força terrena, nem sobre algum dos meios de agressão e defesa atualmente usados e mais compreensíveis pelo homem. As armas devem ser interiores, as da bondade e da justiça. No caminho desta salvação será o primeiro, e, neste exército, será o melhor armado, aquele que tem mais bondade e menos da astúcia humana; aquele que for o mais justo, o menos egoísta; o que possuir as bem-aventuranças do Discurso da Montanha, que afinal deverá tornar-se realidade vivida."

"Depois disso, a humanidade, purificada, mais leve, mais selecionada por haver perdido seus piores elementos, reunir-se-á em torno dos desconhecidos que hoje sofrem e semeiam em silêncio; e retomará, renovada, o caminho da ascensão. Uma nova era começará: o espírito terá o domínio e não mais a matéria, que será reduzida ao cativeiro. (...) Desceremos em multidão e conheceremos a Verdade."

CAPÍTULO 2

PROFECIAS BÍBLICAS

Conforme seria de se esperar num assunto de tamanha importância, as Escrituras do Antigo Testamento da Bíblia também trazem muitas indicações valiosas a respeito do advento do Filho do Homem e de sua missão.

Para compreensão acertada dos ensinamentos bíblicos é preciso, antes de mais nada, considerar que muitos deles são apresentados na forma de alegorias e metáforas, como explicações de fenômenos de natureza espiritual. Por isso, não podem ser interpretados ao pé da letra. Também falam indiretamente a favor disso as muitas falhas históricas dos relatos bíblicos, indicando que o foco do leitor precisa estar voltado para o lado oposto, o dos ensinamentos espirituais, que só podem ser assimilados pela intuição. Tentativas de interpretação literal de metáforas de cunho espiritual não são mais do que meros exercícios de raciocínio, algo impossível de se obter êxito. O raciocínio não tem capacidade para alcançar o que se situa acima do terrenal em suas análises, visto ser ele próprio um produto do cérebro material. Por isso, comprime tudo quanto se depara em concepções por demais estreitas, irremediavelmente circunscritas ao âmbito do espaço e tempo terrenais.

A intuição, ao contrário, como voz do espírito, está livre das amarras do tempo e do espaço terrenos. Precisamos, portanto, movimentarmo-nos espiritualmente para poder compreender o que é de cunho espiritual. É justamente a movimentação espiritual que torna possível a compreensão acertada das verdades bíblicas e sua aplicação no cotidiano. Como, aliás, este próprio livro procura fazer, no uso de valiosas citações bíblicas que compõem e emolduram o texto. Já no início do Cristianismo esse tipo de abordagem era tido como uma especial consideração e grande apreço pelos textos bíblicos. O apóstolo Paulo, por exemplo, faz em suas cartas nada menos que 104 citações formais do Antigo Testamento, mas sempre apenas daquilo que julga *verdadeiro,* como apoio às suas posições.

É um falso dilema imaginar que ou se deve aceitar tudo que está na Bíblia ou é preciso rejeitá-la integralmente. Rejeitar a Bíblia por inteiro é jogar fora a criança dos ensinamentos profundos junto com a água do banho das interpolações espúrias. Como em muitas outras situações relevantes da vida, também aqui a posição certa é a intermediária. Deve prevalecer como guia o *caminho do meio,* onde tomamos o que é certo e repelimos o que é errado, tal como o próprio apóstolo Paulo ensinou aos Tessalonicenses: "Examinai tudo e guardai o que for bom" (1Ts5:21).

Com isso em mente, vamos então nos inteirar das profecias bíblicas sobre o Filho do Homem e a época do Juízo Final, a ele ligado.

O tempo do Juízo Final desencadeado pelo Filho do Homem é o terrível Dia de negror da colheita final, que mostra nitidamente a escuridão espiritual em que medra o ser humano por culpa própria: "Será Dia de trevas e escuridão, Dia de nuvens e negrume" (Jl2:2), "Dia nublado e tenebroso" (Sf1:15). Na Bíblia, a época do Juízo Final é sempre designada como "Dia do Senhor" ou "Dia do Juízo". Essas expressões não querem indicar um *dia* no seu sentido literal, com 24 horas, mas sim a época do início e término do Juízo Final, que é contado em décadas.

Muitas pessoas que já leram ou ouviram falar algo a respeito do Juízo Final e que acreditam no seu desencadeamento, esperam realmente que esse evento se dê no espaço de um dia terreno, mais uma vez por força de uma interpretação literal. Frequentemente a imagem que têm disso é a do Juiz descendo no meio das nuvens, separando os seres humanos à sua direita e à sua esquerda. Os da direita – as ovelhas – voltarão com ele para o céu, e os da esquerda – os cabritos – serão lançados no inferno. E tudo isso no espaço de vinte e quatro horas. Não é assim. Um acontecimento tão incisivo como este não pode, em obediência às leis da Criação, acontecer no espaço de um dia terreno. Se assim fosse, muitas almas que têm anseio pela Luz e que não obstante ainda trazem um carma pesado de outras vidas, não poderiam salvar-se. Não haveria tempo para isso.

Estamos justamente em pleno Juízo, mais precisamente em sua última fase. A humanidade está vivendo neste período do fim totalmente mergulhada nas trevas. É aquele tempo em que Deus esconde dela o Seu semblante: "Lembra-te da cólera nos dias do fim, do castigo, quando Deus afastar Sua face" (Eclo18:24); "Quando clamarem ao Senhor, este não lhes responderá; esconderá deles a face naquele tempo, por causa dos crimes que cometeram" (Mq3:4); "Disse o Senhor a Moisés: Esconderei, pois, certamente, o rosto naquele Dia, por todo o mal que tiverem feito, por se haverem tornado a outros deuses. Esconderei deles a Minha face" (Dt31:16,18;32:20). O Senhor deixa a humanidade entregue às trevas formadas por ela própria com tanto afinco, e o resultado disso é o pavor: "Escondes Tua face e eles se apavoram" (Sl104:29).

Mas vamos ao exame de alguns textos escriturísticos que abordam o tema do Juízo e do Juiz, nas palavras dos grandes profetas dos tempos antigos. Vemos o esforço incansável desses profetas em advertir, em exortar a humanidade à uma mudança de rumo, ao mesmo tempo em que preconizam tragédias imensas para ela, como fruto final de seu mau proceder durante milênios. Mudam as palavras, mas a tônica é sempre a mesma.

Comecemos com o livro de Isaías, cujo nome tem o sentido de "salvação de Yahweh"*. Ali se encontram várias passagens sobre o desencadeamento do Juízo Final pela atuação do Filho do Homem. Numa delas ele é chamado de Espírito de Justiça e Espírito Purificador:

> "Quando o Senhor lavar a imundície das filhas de Sião, e limpar Jerusalém da culpa do sangue do meio dela, com o Espírito de Justiça e com o Espírito Purificador." (Is4:4)

O profeta dá um exemplo do que está reservado à Terra no Juízo pela mão do Filho do Homem, designado por ele de Senhor dos Exércitos:

> "Com a Ira do Senhor dos Exércitos, incendiou-se a Terra, e o povo virou lenha desse fogo." (Is9:18)

---

* A palavra *Yahweh* é uma das formas transliteradas do nome de Deus existente no Antigo Testamento hebraico, com quatro letras, as quais também podem aparecer de forma variada: YHVH, JHVH, JHWH, IHVH, YHWH. Os antigos autores judeus achavam que o nome do Criador era de tal forma sagrado que devia ser impronunciável, no que eram naturalmente ajudados por seu alfabeto consonantal. Em seu lugar eles diziam: *Adonai* – o Senhor, *HaShem* – o Nome, ou *Shekhinah* – a Presença. A antiga forma abreviada *Yah* foi utilizada na composição do grito hebraico de louvor "louvai Yah" – *hallelû Yah,* de onde adveio a expressão "aleluia". As outras formas mais conhecidas de transliteração para o português do nome *Yahweh* são: Iavé, Javé, Jeová.

Na passagem a seguir, Isaías dá vários qualificativos para o Espírito do Senhor, que "repousa" sobre o Juiz, e de sua atuação no Juízo. Não é difícil interpretar essas palavras se tivermos em mente que o Juiz é o próprio Espírito Santo. As alusões à "vara de sua boca" e ao "sopro dos seus lábios" indicam a Palavra que julga:

> "Repousará sobre ele o Espírito do Senhor, o Espírito de sabedoria e entendimento, o Espírito de conselho e de fortaleza, o Espírito de conhecimento e de temor do Senhor. (...) Não julgará segundo a vista dos seus olhos, nem repreenderá segundo o ouvir dos seus ouvidos; mas julgará com justiça os pobres e decidirá com equidade a favor dos mansos da Terra; ferirá a Terra com a vara de sua boca e com o sopro dos seus lábios matará o perverso." (Is11:2-4)

Isaías diz que a Justiça e a Verdade estarão indissoluvelmente associadas ao Filho do Homem:

> "A Justiça será o cinto que ele usa, a Verdade o cinturão que ele não deixa." (Is11:5)

Isaías e Miqueias afirmam que, no fim dos tempos, o Filho do Homem habitará numa montanha, onde edificará um Templo, e que para lá acorrerão os povos em busca de reconhecimento espiritual. A altura da montanha deve ser entendida sob um significado espiritual, pois enquanto ele estivesse lá ela seria o local de onde afluiria o verdadeiro conhecimento das leis da Criação, o ponto culminante e mais importante para a humanidade:

> "Acontecerá, nos últimos tempos, que a montanha da Casa do Senhor estará plantada bem firme, será a mais alta de todas e dominará sobre as colinas. Acorrerão a ela todas as gentes, virão muitos povos e dirão: 'Vinde! Vamos subir à montanha do Senhor! Vamos ao Templo do Deus de Jacó. Ele nos ensinará seus caminhos, e nós andaremos pelas suas veredas.' (...) Ele julgará as nações e dará as suas leis a muitos povos. (...) 'Vinde, vamos caminhar à Luz do Senhor!' (...) Assim diz o Senhor, o Senhor dos Exércitos: (...) 'Ninguém fará mal, ninguém pensará em prejudicar, na minha santa montanha.' Pois a Terra está repleta do conhecimento do Senhor, assim como as águas enchem o mar."
> (Is2:2-5; 10:24;11:9; Mq4:1-3)

O grande rei Davi pergunta: "Quem poderá subir à montanha do Senhor e apresentar-se no seu

Santuário?" (Sl24:3). E ele mesmo dá em seguida a resposta: "O que tem as mãos inocentes e o coração limpo, o que não ergue o espírito para coisas vãs nem jura pelo que é falso" (Sl24:4).

O livro do Apocalipse mostra que as alocuções do Filho do Homem, o Espírito Santo, Princípio da Criação de Deus, serão, como não poderia ser de outro modo, plenas de amor severo, repreendendo e exortando os ouvintes à movimentação do espírito:

> "Assim fala a Testemunha Fiel e Verdadeira, o Princípio da Criação de Deus: (...) 'Eu repreendo e disciplino a quantos amo. Esforça-te, pois, e converte-te.' (...) Quem tem ouvidos, ouça o que o Espírito diz." (Ap3:14,19,22)

Voltando a Isaías, vemos ali outras indicações claras sobre a época do Juízo Final, denominado Dia do Senhor, decorrente da atuação do Filho do Homem – o Senhor dos Exércitos:

> "Está decidida a destruição que fará transbordar a justiça, e decidido assim o extermínio; o Senhor Deus de todo o poder o executará no meio da Terra toda. (...) Estremecei, porque o Dia do Senhor está perto, virá como açoite do Todo-Poderoso. Eis que vem o Dia do Senhor, Dia cruel, com Ira e ardente furor,

para converter a Terra em assolação, e dela destruir os pecadores. Portanto, farei estremecer os céus, e a Terra será sacudida do seu lugar, por causa da Ira do Senhor dos Exércitos, e por causa do Dia do seu ardente furor. (...) Porque Dia de alvoroço, de atropelamento e confusão é este da parte do Senhor, o Senhor dos Exércitos, no vale da visão: um derrubar de muros e clamor que vai até aos montes. (...) A Terra será toda arrasada, a Terra será sacudida violentamente, a Terra será fortemente abalada. A Terra cambaleará como um embriagado, ela oscilará como uma cabana. (...) Do Senhor dos Exércitos vem o castigo com trovões, com terremotos, grande estrondo, tufão de vento, tempestade e chamas devoradoras."
(Is10:23;13:6,9,13;22:5;24:19,20;29:6)

Quando o Senhor dos Exércitos tiver decidido o desencadeamento do Juízo, ninguém mais poderá impedir esse acontecimento:

"O Senhor dos Exércitos decidiu, quem mudará sua sentença? Sua mão está estendida, quem o fará retirá-la?" (Is14:27)

Na sequência, vê-se que o Senhor dos Exércitos, a quem "os clamores dos ceifeiros penetraram até os ouvidos" (Tg5:4), é o designado Espírito de Justiça mencionado anteriormente:

> "Naquele dia o Senhor dos Exércitos será a coroa de glória e o formoso diadema para os restantes de seu povo; será o Espírito de Justiça para o que se assenta a julgar, e fortaleza para os que fazem recuar o assalto contra as portas." (Is28:5,6)

Ele é o agente da indignação do Senhor, prestes a cair sobre todas as nações:

> "A indignação do Senhor está a cair sobre todas as nações, e o seu furor sobre toda a milícia delas." (Is34:2)

A partir do capítulo 56 do livro de Isaías, aproximadamente, o texto está contaminado em algumas partes pelas inserções de um autor desconhecido, designado como "Trito-Isaías". Os trechos selecionados a seguir, porém, foram conservados íntegros do livro original do profeta, pois as palavras são verdadeiras. Na passagem abaixo, o Filho do Homem é chamado de Espírito do Senhor:

> "Temerão, pois, o nome do Senhor desde o poente, e a sua glória desde o nascente do Sol;

> pois virá como torrente impetuosa, impelida pelo Espírito do Senhor." (Is59:19)

Na sequência, o Filho do Homem é chamado de Espírito Santo e atua *pessoalmente* contra os pecadores. Essa é a designação mais conhecida dos cristãos, que já há muito têm conhecimento da Trindade divina ou Santíssima Trindade.

> "Mas eles foram rebeldes, e contristaram o Seu Espírito Santo, pelo que se lhes tornou em inimigo, e ele mesmo pelejou contra eles." (Is63:10)

A Trindade divina é constituída de três pessoas: Pai, Filho e Espírito Santo, conforme sabe a cristandade. O Filho é o "Filho de Deus" ou "Filho unigênito" de Deus, enquanto que o Espírito Santo é o "Filho do Homem" ou "Filho extragênito" de Deus. A palavra "unigênito" provém do grego *monogenes*, que tem o sentido de *unigerado,* significando que o Filho de Deus é oriundo unicamente da divindade do Pai. O Filho do Homem também provém de Deus-Pai, mas foi ainda ligado ao mais puro espiritual, de modo a poder permanecer como eterno mediador entre o Criador e Suas criaturas. Ao contrário do Filho de Deus ele não se reincorporou ao Pai, devido ao espiritual nele aderido que atua como âncora, mas permanece eternamente como Rei da Criação, colocado nela como Seu Filho extragênito.

Mais uma passagem clara sobre o Juízo Final pode ser observada no trecho a seguir:

> "Porque eis que o Senhor virá em fogo, e os seus carros como um torvelinho, para tornar a sua Ira em furor, e a sua repreensão em chamas de fogo, porque com fogo e com a sua espada entrará o Senhor em Juízo com toda a carne; e serão muitos os mortos da parte do Senhor." (Is66:15,16)

Vejamos agora as indicações do profeta Jeremias, cujo nome tem o significado de "o Senhor funda", ou "o Senhor estabelece". Ele também falou da atuação do Filho do Homem no Juízo Final, chamado de Senhor-Nossa-Justiça e de Senhor dos Exércitos:

> "Eis que vêm dias, diz o Senhor, em que levantarei um Renovo justo, e rei que é, reinará e agirá sabiamente, e executará o Juízo e a Justiça na Terra. (...) E o nome que lhe darão será Senhor-Nossa-Justiça!" (Jr23:5,6)

> "Estende-se o tumulto até os confins do mundo, pois que o Senhor está em litígio com as nações. Entra em processo contra toda a carne.

(...) Eis o que diz o Senhor dos Exércitos: Eis que o flagelo vai estender-se de nação em nação. E dos confins da Terra vai desencadear-se violenta tempestade. Aqueles que o Senhor nesse Dia tiver atingido, de uma a outra extremidade da Terra, não serão chorados, nem recolhidos e sepultados, jazendo no solo qual esterco." (Jr25:31-33)

A seguir, um quadro do fim do Juízo transmitido pelo mesmo Jeremias, relativo à efetivação do Juízo na Terra:

"Olhei para a Terra e ela havia se transformado em total confusão, completamente vazia. Olhei para os céus e estavam na mais completa escuridão. Olhei para as montanhas e elas tremiam; olhei para os morros e eles estavam sendo sacudidos. Olhei em volta procurando alguém, mas todos os homens haviam desaparecido; no céu não havia uma ave sequer; todas haviam fugido. Os vales de terra boa e produtiva haviam-se transformado em desertos; todas as cidades haviam sido derrubadas diante da presença do Senhor, por causa da Sua Ira, que queimava como fogo. A promessa de destruição feita pelo Senhor é para toda a Terra." (Jr4:23-27)

Uma promessa de destruição que, tal como a prevista por Jesus para o Templo dos cambistas, não iria deixar "pedra sobre pedra" de toda a obra humana torcida: "Não ficará pedra sobre pedra. Tudo será destruído!" (Mc13:2). Essa situação de destruição generalizada só não amedrontará os poucos que nesse tempo estiverem firmes na Palavra do Senhor, que trouxerem em si a convicção de que nada pode acontecer sem a condução da vontade divina. Terremotos, inundações, erupções, regiões inteiras destruídas... haja o que houver, nada poderá apavorá-los. O salmista expressou essa mesma confiança inabalável com os versos: "Deus é nosso refúgio e nossa força, um socorro sempre alerta nos perigos. E por isso não temeremos se a terra vacila, se as montanhas se abalam no meio do mar; se as águas do mar estrondam e fervem, e com Sua fúria estremecem os montes" (Sl46:2-4).

No livro do profeta Ezequiel também há muitas referências ao Filho do Homem e sua atuação como Juiz. Contudo, quando se lê a versão que chegou até nós, temos a impressão de que o Filho do Homem seria o próprio profeta, o que não é correto, pois a função de Ezequiel, cujo nome significa "fortalecido por Deus", era naturalmente a de atuar como um porta-voz, um anunciador da vontade do Senhor na Terra, e não como o próprio executante de Sua justiça. Um leitor atento encontrará a confirmação disso nessa transcrição de um dito do Senhor no livro:

"Ezequiel servirá para vós de *sinal:* fareis exatamente o que ele fez" (Ez24:24). De "sinal", ou seja, de exemplo de conduta, e não como o próprio Juiz. Em sua obra Os Livros Proféticos, o professor Abrego de Lacy, traduz com maestria o epíteto dirigido a Ezequiel como "Filho de Adão", e não como Filho do Homem. Feita essa ressalva, vejamos então algumas passagens desse livro referentes à atuação do Filho do Homem:

> "Assim fala o Senhor Yahweh: o fim chegou! O fim para os quatro cantos da Terra. (...) Eis que a desgraça chegou, uma desgraça sem igual. Chegou o fim; ele desperta contra ti, ei-lo que chega! Chegou a tua vez, sim, para ti, habitante da Terra. O tempo está chegando, o Dia está próximo. Será a ruína e não mais os júbilos nos montes. Agora mesmo, dentro de um instante derramarei a minha Ira sobre ti e satisfarei em ti a minha cólera. Com efeito, hei de julgar-te segundo o teu comportamento, e farei vir sobre ti todas as tuas abominações. O meu olhar não se compadecerá; eu não pouparei, antes pagar-te-ei de acordo com o teu comportamento." (Ez7:2,5-9)

Ezequiel descreve dessa maneira o aspecto do Filho do Homem:

> "Então olhei e vi uma figura com aspecto de Homem. Do que parecia ser a cintura para baixo, era de fogo. Da cintura para cima, era como se houvesse uma claridade, como a do ouro brilhante." (Ez8:2)

No trecho a seguir, fica claro que a maior parte dos seres humanos não reconheceria o Filho do Homem em sua Palavra:

> "Filho do Homem, tu habitas no meio de uma casa de rebeldes, que têm olhos para ver, mas não veem, têm ouvidos para ouvir, mas não ouvem." (Ez12:2)

As passagens seguintes destacam o desencadeamento do Juízo através da figura da espada, o gládio julgador do Filho do Homem:

> "Assim diz o Senhor: Uma espada, uma espada foi afiada e bem polida! Para fazer carnificina, foi afiada, para lançar lampejos fulgurantes, foi polida." (Ez21:13-15)

> "Quanto a ti, Filho do Homem, profetiza, bate palmas para advertir! Que a espada se duplique, se triplique! É a espada do extermínio. A grande espada do massacre, que os

> cerca, para que desfaleçam os corações e sejam numerosas as vítimas. Junto de todas as portas coloquei a espada da chacina, feita para cintilar, polida para massacrar. Dá estocadas à direita, vira à esquerda, para onde quer que te voltares!" (Ez21:19-21)

> "Espada! Espada! Estás desembainhada, polida para o massacre, para devorar, para lançar lampejos, para cortar o pescoço dos ímpios, dos malvados cujo dia virá ao mesmo tempo que o crime terá fim, enquanto se tem visões ilusórias e se prediz a mentira a teu respeito." (Ez21:33,34)

O Livro da Sabedoria retrata dessa maneira a atuação do Filho do Homem como Juiz e portador da justiça divina:

> "Vestirá a justiça como couraça, como elmo porá o Julgamento inapelável, como escudo sobraçará a santidade invencível e, como espada, afiará a sua Ira implacável. O universo inteiro estará ao seu lado, combatendo os insensatos." (Sb5:18-20)

Essa indicação do universo inteiro combatendo ao lado do Filho do Homem indica as forças da

Natureza sob seu comando, conforme indicado na passagem a seguir com a designação "Criação":

> "A Criação, pronta a servir a Ti, seu Autor, se retesa para o castigo dos injustos mas se distende para o bem dos que confiaram em Ti." (Sb16:24)

O livro de Eclesiástico exorta sobre a premência da conversão, para o ser humano não ser aniquilado no Dia do Castigo:

> "Volta ao Senhor sem demora e não adies de um dia para outro, pois a cólera do Senhor vem de repente e serás aniquilado no Dia do Castigo." (Eclo5:7)

O Filho do Homem, como Rei da Criação, também foi anunciado pelo profeta Daniel. O nome Daniel significa "Deus é meu Juiz". O profeta afirma que o Filho do Homem foi levado diante do Criador, chamado "Antigo de Dias", o qual lhe deu um domínio eterno e um reino que jamais será destruído:

> "Eu estava olhando nas minhas visões da noite, e eis que vinha com as nuvens do céu um como o Filho do Homem, e dirigiu-se ao Antigo de Dias, e o fizeram chegar até ele. Foi-lhe dado domínio e glória, e o reino, para

> que os povos, nações e homens de todas as línguas o servissem; o seu domínio é domínio eterno, que não passará, e o seu reino jamais será destruído." (Dn7:13,14)

Daniel diz que a época do Juízo será de uma desolação como jamais se viu, e da qual subsistirá somente quem tiver seu nome inscrito no Livro da Vida*:

> "Será uma época de tal desolação, como jamais houve igual desde que as nações existem até aquele momento. Só escapará, então, quem for do Teu povo, quem tiver seu nome inscrito no Livro." (Dn12:1)

O profeta Malaquias, cujo nome significa "Meu mensageiro", se perguntava quem poderia suportar o Dia do Filho do Homem, quem conseguiria manter-se de pé diante dele e de sua atuação purificadora, que como o fogo do fundidor separa o refugo do metal puro, numa alusão à conhecida metáfora do joio separado do trigo:

> "De repente, ele entrará no seu Templo, o Senhor que vós procurais, o Anjo da Aliança

---

* Ver esclarecimentos a respeito na dissertação "O Livro da Vida", no primeiro volume da obra Na Luz da Verdade, a Mensagem do Graal de Abdruschin.

que vós desejais; ei-lo que vem, diz o Senhor
de todo poder. Quem suportará o Dia da sua
chegada? Quem se manterá em pé à sua aparição? Pois ele é como o fogo do fundidor,
como a lixívia dos lavadeiros." (Ml3:2)

Malaquias ainda retratou desta maneira a chegada desse Dia e a promessa do Senhor dos Exércitos aos seus:

"Eis que vem um Dia abrasador como uma
fornalha. Todos os soberbos e todos os que
cometem a iniquidade serão como a palha;
este Dia que vai chegar os queimará – diz o
Senhor dos Exércitos – e nada ficará deles:
nem raiz nem ramos. Mas, para vós que respeitais o meu nome, brilhará o Sol da Justiça,
trazendo a cura nos seus raios." (Ml3:19,20)

Novamente aparece a figura de um Livro – o Livro da Vida – no qual estão registrados os que pertencem ao Senhor:

"Diante dele foi escrito o Livro que conserva
a memória daqueles que temem o Senhor e
respeitam o Seu nome. Eles serão meus no
Dia em que eu agir – diz o Senhor dos Exércitos. Terei compaixão deles como um pai

se compadece do filho que o serve. Então vereis outra vez a diferença entre o justo e o ímpio, entre o que serve a Deus e o que não serve." (Ml3:16-18)

O profeta Miqueias, por sua vez, é porta-voz de uma advertência para a Terra inteira e todos os povos, sobre as grandes catástrofes que se efetivam à passagem do Senhor. O nome Miqueias deriva do hebraico *Michayahu,* que significa literalmente: "Quem é como Yahweh?". É bastante significativa, no livro de Miqueias, a indicação de que o Senhor irá sair da sua morada para pisar na Terra. O profeta refere-se aí à vontade de Deus personificada, o Filho do Homem, durante sua passagem pela Terra:

"Povos, ouvi todos! Esteja atenta a Terra e tudo o que ela contém! O Senhor Deus vai testemunhar contra vós, o Senhor desde o seu santo Templo. O Senhor vai sair da sua morada, vai descer e pisar as alturas da Terra. À sua passagem fundem-se os montes, e os vales derretem-se como cera diante do fogo, como as águas que escorrem por uma encosta." (Mq1:2-4)

O Livro de Enoch, que será abordado em detalhes logo mais, fala igualmente que nesse tempo "os picos mais elevados desabarão, derretendo-se como cera ao fogo". O profeta Daniel e o salmista reforçam essa imagem espiritual da atuação ígnea do Juiz: "De diante dele sai um rio de fogo" (Dn7:10). "Um fogo vai à sua frente e devora os inimigos que o cercam" (Sl97:3), também diz o salmista. A imagem da Terra abalada e derretendo-se pela ação do Filho do Homem aparece mais uma vez no Saltério:

"Então a Terra balançou e tremeu; vacilaram as bases dos montes, balançaram por causa da sua Ira. Nações rugiram, reinos se abalaram; ele ergueu a voz, e a Terra derreteu-se." (Sl18:8;46:7)

O profeta Amós prevê alterações extraordinárias na mecânica celeste durante o Dia do Senhor, como efeitos de uma mudança da órbita da Terra (a longa noite cósmica):

"Sucederá que, naquele Dia, diz o Senhor, farei que o Sol se ponha ao meio-dia e a Terra se entenebreça em dia claro." (Am8:9)

E diz que para obtermos a vida eterna e poder ter efetivamente o Filho do Homem ao nosso lado nessa época, é preciso escolher o bem:

> "Procurai o bem e não o mal para poderdes viver, e para que assim, como dizeis, o Senhor dos Exércitos esteja do vosso lado." (Am5:14)

Em algum ponto do século VIII a.C., o profeta Oseias vaticinou sobre a abertura do processo do Juízo contra os seres humanos terrenos:

> "Yahweh vai abrir um processo contra os habitantes da Terra, porque não há fidelidade nem amor, nem conhecimento de Deus na Terra." (Os4:1)

Em meados do século VII a.C. o profeta Joel também escreveu sobre o Dia do Senhor. O nome Joel significa simplesmente "Yahweh é Deus". Diz o profeta em seu livro:

> "Ai, que Dia! O Dia do Senhor, com efeito, está próximo, e vem como um furacão desencadeado pelo Todo-Poderoso. (...) Estremeçam todos os habitantes da Terra, porque se aproxima o Dia do Senhor! Dia de trevas e escuridão, Dia de nuvens e sombras. O Dia do Senhor é grandioso e terrível. Quem o poderá suportar? (...) O Sol se transformará em trevas e a Lua em sangue quando vier o Dia do Senhor, grandioso e terrível." (Jl1:15;2:1,2,11;3:4)

Por volta do final do século VII a.C., o profeta Habacuc descreveu o Filho do Homem e sua atuação no Juízo Final:

> "A sua majestade cobre os céus e a sua glória enche a Terra. O seu esplendor é como a Luz, das suas mãos saem raios, está aí o segredo da sua força. Avança diante dele a calamidade, a febre caminha sobre os seus passos. Ele para e faz tremer a Terra, olha e faz trepidar as nações. Então desmoronam-se as montanhas eternas, desfazem-se as colinas antigas. (...) Na tua indignação marchas pela Terra, na tua ira calca aos pés as nações." (Hab3:3-6,12)

Um pouco mais tarde, no século VI a.C., o profeta Sofonias, cujo nome significa algo como "o Senhor guarda" descreveu de uma maneira particularmente impressionante o Dia da Ira, ou Dia do Senhor:

> "Vou destruir tudo sobre a face da Terra, diz o Senhor. (...) Cala-te diante do Senhor, porque o Dia do Senhor está perto (...). Castigarei também, naquele Dia, todos aqueles que sobem o pedestal dos ídolos e enchem de violência e engano a casa dos seus senhores. (...) Eis que se aproxima o grande Dia do Senhor! Ele se aproxima rapidamente.

> Terrível é o ruído que faz o Dia do Senhor;
> o mais forte soltará gritos de amargura nesse
> Dia. Esse Dia será um Dia de Ira, Dia de
> angústia e de aflição, Dia de ruína e de devastação, Dia de trevas e escuridão, Dia de nuvens e de névoas espessas, Dia de trombeta e
> de alarme, contra as cidades fortes e as torres
> elevadas. Mergulharei os homens na aflição,
> e eles andarão como cegos, porque pecaram
> contra o Senhor. Seu sangue será derramado
> como o pó, e suas entranhas como o lixo."
> (Sf1:1,7,9,14-17)

Esses excertos de Sofonias serviram de inspiração na Idade Média para composição das muitas canções terrificantes sobre o Juízo, em especial a ira e a vingança do *dies irae, dies illa*.

Também no século VI a.C., o profeta Abdias, cujo nome significa "servo de Yahweh", escreveu o seguinte em seu livro, o mais curto dos textos proféticos do Antigo Testamento:

> "Sim, próximo está o Dia do Senhor, Dia
> ameaçador para todas as nações." (Ab15)

Nessa mesma época, o profeta Ageu transmitiu dessa maneira a atuação no Juízo Final desencadeado pelo Senhor dos Exércitos, o Filho do Homem:

"Assim diz o Senhor dos Exércitos: Daqui a pouco abalarei o céu, o mar e a terra firme."
(Ag2:6)

Ainda nesse mesmo período, o profeta Zacarias escreveu:

"Eis que vem o Dia do Senhor, em que os teus despojos se repartirão no meio de ti." (Zc14:1)

Sobre a atividade do Filho do Homem durante o Juízo, Zacarias apresenta a seguinte imagem:

"O Senhor será visto lutando contra eles, suas flechas saindo como raios; o Senhor Deus toca a trombeta, e avança o vendaval que vem do sul." (Zc9:14)

O "toque de trombeta" indica os últimos avisos que chegam para a criatura humana no Juízo, para que acorde em tempo de seu sono espiritual e possa subsistir.

A sensação atual de medo, de culpa, de tempo se esgotando, não são delírios da mente. São sentimentos reais. Intuições provenientes do espírito, que pressente, sim, que *sabe* estar caminhando para o aniquilamento e que por isso clama por socorro. O desespero é apenas *aparentemente* infundado, porque sua causa não é reconhecível no corpo de matéria grosseira. Diz respeito àquilo que de mais terrível pode atingir o espírito humano: a extinção de sua autoconsciência, a morte espiritual, a condenação eterna. É contra isso, contra esse fim terrível no Juízo que a alma humana luta; daí os sentimentos de pavor e desespero.

É no íntimo de cada um que o Juízo se efetiva da forma mais dramática. Em nossa época, cada um de nós já está sendo atingido pelos raios julgadores do Juízo Final. Estamos vivendo o tempo em que a arrogância espiritual da criatura humana está sendo extirpada. Extirpada através do medo. Um medo atroz, imenso, que obriga o ser humano a prostrar-se de joelhos, totalmente vencido. *Assim* se cumprem as palavras do profeta Isaías: "A soberba dos homens será abatida e a arrogância humana será humilhada; só o Senhor será exaltado naquele Dia. Porque o Dia do Senhor dos Exércitos será contra todos os arrogantes, contra todos os soberbos e presunçosos" (Is2:11,12). A respeito desse descomunal sentimento de medo na época do Juízo, diz Roselis von Sass em sua obra O Livro do Juízo Final:

> "Existe um sinal infalível de advertência, ou melhor dito, de alarme, que cada um deve mais cedo ou mais tarde sentir, queira ou não queira. E este é o medo. Esse medo não pode

ser afastado com um sorriso, nem ser desmentido, pois ele é um sinal da época, um sinal do Juízo!

A psicose do medo pesa hoje, com raras exceções, sobre toda a humanidade. Ela apodera-se de crentes e descrentes, de pobres e ricos, de materialistas e idealistas, de céticos e sacerdotes. Ela é também o motivo de os seres humanos estarem sempre como que em fuga de si mesmos, em fuga de seus próprios pensamentos e das deprimentes formas do medo.

De onde vem agora esse medo que deixa estremecer os corações humanos, e que, como um fantasma de mil cabeças, gira em volta do globo terrestre?

O medo provém dos próprios espíritos humanos. Ele é a voz acusadora da consciência, na qual se expressa a grande culpa contra Deus. E ele é também um som das trombetas do Juízo, que procura acordar os seres humanos, anunciando-lhes a sentença de Deus!"

Um som das trombetas do Juízo! As pessoas *precisam* acordar agora com esse som, elas *têm* de despertar e se movimentar espiritualmente para cima, *têm* de se esforçar em viver de acordo com a Verdade se quiserem subsistir no Juízo! Do contrário, elas mesmas se condenam:

"Se alguém escutar o toque da trombeta mas não lhe der atenção, e com isso for atingido pela espada, será responsável pela própria morte. Escutou o som da trombeta mas não deu atenção; é responsável pela própria morte. Se tivesse dado atenção, teria escapado com vida." (Ez33:4,5)

Vejamos agora o livro do Apocalipse, o último do Novo Testamento, o qual trata exatamente do Juízo Final. Sua autoria é erroneamente atribuída ao evangelista João, mas já foi observado que o grego utilizado no texto é bastante diferente do de João. Houve até quem dissesse que o Apocalipse quase mereceria uma gramática específica, tal a quantidade de particularismos existentes... Já no século II, o bispo Dionísio apresentou vários argumentos contra a suposta autoria apostólica do Apocalipse, citando diferenças de estilo, vocabulário e expressões entre esse livro e as epístolas de João. De fato, em nenhum lugar do livro o autor diz ser um dos doze apóstolos, e até fala deles no pretérito (cf. Ap21:14). A vidente que recebeu as revelações do Apocalipse não conhecia a escrita, e por isso um adepto dos ensinamentos de Jesus anotou-as e passou-as adiante. Roselis von Sass diz que o nome da vidente, por seu próprio desejo, nunca foi mencionado, porque ela se considerava apenas um instrumento na mão de João Batista, o verdadeiro autor do livro.

O Apocalipse afirma que o autor é o "servo João" (Ap1:1), que "se encontrava na ilha de Patmos por causa da Palavra de Deus" (Ap1:9). Esse João não era o evangelista, e sim João Batista, que naquela época também não se encontrava num Patmos terreno, mas sim numa região espiritual, de onde recebeu a incumbência do Filho do Homem para transmitir as revelações para os sete Universos da parte material da Criação.

No 1º capítulo do livro, versículos 12 a 18, há uma descrição do Filho do Homem como Juiz. No entanto, o subtítulo inserido na apresentação desse trecho em certas Bíblias traz erroneamente os dizeres: "A visão de Jesus glorificado". Essa indicação já impede o reconhecimento daquele que aí é retratado, especialmente por parte de pessoas que não ousam pensar de modo diferente do que lhes é incutido por sua religião.

Pior ainda é no final do livro, onde se lê: "Certamente venho sem demora. Amém. Vem, Senhor Jesus!" (Ap22:20). O texto grego original, porém, não fazia nenhuma alusão à vinda de Jesus. Apenas transpunha a fórmula aramaica *"Maraná ta",* que significa literalmente: "Senhor nosso, vem!". O Senhor aí anunciado é o Filho do Homem, Imanuel, e não Jesus, que obviamente também não disse nada parecido com "venho sem demora"... Aliás, passados mais de dezoito séculos desde a transmissão do Apocalipse, qualquer um já poderia ter constatado que esse venho-sem-demora nada mais é do que uma inserção espúria no texto original.

Dentre outros atributos, o Filho do Homem é chamado no Apocalipse de "o Santo, o Verdadeiro, Testemunha fiel e verdadeira, a Palavra de Deus" (cf. Ap3:7,14;19:13). A descrição do Filho do Homem como Juiz é a seguinte:

> "Voltei-me para ver quem falava comigo e, voltado, vi sete candeeiros de ouro e, no meio dos candeeiros, um semelhante a Filho do Homem, com vestes talares, e cingido à altura do peito com uma cinta de ouro. A sua cabeça e cabelos eram brancos como alva lã, como neve; os olhos, como chama de fogo; os pés semelhantes ao bronze polido, como que refinado numa fornalha; a voz como voz de muitas águas. Tinha na mão direita sete estrelas, e da boca saía-lhe uma afiada espada de dois gumes. O seu rosto brilhava como o Sol na sua força. Quando o vi, caí a seus pés como morto. Porém, ele pôs sobre mim a sua mão direita, dizendo: Não temas, eu sou o primeiro e o último, e aquele que vive; estive morto, mas eis que estou vivo pelos séculos

dos séculos, e tenho as chaves da morte e do inferno." (Ap1:12-18)

Inicialmente, vemos que o Filho do Homem está no meio de *sete* candeeiros de ouro, e traz na mão direita *sete* estrelas. Ele é designado alegoricamente como "aquele que tem os *sete* espíritos de Deus" (Ap3:1), e concede essa explicação sobre os candeeiros e as estrelas: "As sete estrelas são os anjos das *sete* igrejas, e os sete candeeiros são as *sete* igrejas" (Ap1:20). Essas chamadas sete igrejas são, na realidade, os sete Universos que compõem a parte material da Criação: Éfeso, Esmirna, Pérgamo, Tiatira, Sardes, Filadélfia, Laodiceia (cf. Ap1:10).

O fato de a Bíblia aludir às sete antigas congregações cristãs na Ásia, unidas por uma estrada circular, se deve ao fato de os tradutores terem relacionado esses nomes à Terra, com sua pequena capacidade de compreensão. Esse não é o único caso em que os seres humanos trouxeram para o planeta nomes relacionados a outras partes da Criação. O verdadeiro Olimpo, por exemplo, não é, como se supõe, o Monte Olimpo situado na Grécia, com seus 2.911m de altitude, mas sim o ponto mais elevado de uma região da Criação onde vivem os grandes regentes dos seres da natureza, a qual se encontra acima da materialidade. Também a mencionada ilha de Patmos (cf. Ap1:9) não é a ilhota rochosa de mesmo nome situada no mar Egeu, distante menos de 240 km das sete congregações cristãs, mas sim, conforme dito, uma região espiritual, de onde João Batista transmitiu o Apocalipse a uma vidente na Terra.

O planeta Terra e todos os bilhões de astros a nós visíveis pertencem ao sistema universal Éfeso*. Os sete anjos mencionados são os grandes regentes de cada um dos sete Universos materiais. A Terra foi o primeiro planeta de Éfeso habitado por criaturas humanas. Por isso, a advertência do Filho do Homem a Éfeso reveste-se de especial gravidade para nós, seres humanos terrenos: "Converte-te e volta à tua prática inicial. Se, pelo contrário, não te converteres, virei e removerei o teu candelabro do seu lugar" (Ap2:5). Esse deslocamento do candelabro quer indicar uma renovação compulsória, de magnitude cósmica, onde nada do antigo poderá permanecer...

Sempre encontraremos essa divisão por *sete* onde age a *vontade* de Deus, onde, portanto, se encontra a atuação do Filho do Homem, o Espírito Santo. O Gênesis diz que a Criação foi feita em *sete* dias de uma semana arquetípica. Na época dos reis de Israel, vemos que o Senhor reservou para Si *"sete* mil

---

* Para conhecer a vida no início do desenvolvimento espiritual humano na Terra, ver as obras Éfeso e Os Primeiros Seres Humanos, ambas publicadas pela Editora Ordem do Graal na Terra.

homens, os que não dobraram o joelho diante de Baal" (Rm11:4). Na explicação do sonho que o profeta Zacarias havia tido, o anjo diz que o candelabro com *sete* chamas são "os olhos do Senhor que percorrem toda a Terra" (cf. Zc4:10), indicando com isso Sua vontade onipresente, que perflui toda a Criação e retribui a cada um segundo suas obras: "os olhos do Senhor estão em toda a parte, observando os maus e os bons" (Pv15:3). A lei da reciprocidade, com seus efeitos retroativos, pode realmente ser encarada como "o olhar do Senhor que percorre toda a Terra para ajudar os que estão com Ele de coração sincero" (2Cr16:9).

Na visão de Daniel o povo teria de se regenerar dentro do prazo de "setenta *setes*", equivalente a setenta semanas (cf. Dn9:24). No Apocalipse, o livro na mão direita do Filho do Homem está "lacrado com *sete* selos" (Ap5:1), e "diante do trono do Senhor ardem *sete* lâmpadas de fogo" (Ap4:5). Há *"sete* anjos em pé diante de Deus, e lhes foram dadas *sete* trombetas" (Ap8:2). Quando um anjo poderoso gritou, *"sete* trovões fizeram ouvir as suas vozes" (Ap10:3). A Ira de Deus estará consumada com as *"sete* últimas pragas" (Ap15:1), e "um dos quatro seres viventes entregou aos *sete* anjos *sete* taças de ouro, cheias do furor de Deus" (Ap15:7). Em todo o Apocalipse, o número sete aparece constantemente (cerca de meia centena de vezes) e o próprio livro se apresenta dividido em sete setenários: as cartas, os selos, as trombetas, os sinais do céu, as taças, as vozes, as visões do fim.

O livro apócrifo 4Esdras, também de cunho apocalíptico e especialmente voltado para tudo o que se relaciona com o Filho do Homem, fala da existência de *"sete* altas montanhas, onde crescem rosas e lírios"... (4Esd2:19).

O número sete também aparece no Corão, em conexão com o ato criador divino. Na 2ª surata, versículo 2, lemos que o Criador "fez, ordenadamente, *sete* céus, porque é Onisciente". Ele também é chamado de "Senhor dos *sete* céus" (23ª surata – vers. 86), Aquele que criou os *"sete* firmamentos" (65ª surata – vers. 12), ou que criou os *"sete* céus sobrepostos" (67ª surata – vers. 3). A vontade criadora de Deus aparece, portanto, relacionada ao número sete nesses versículos do livro sagrado do Islamismo.

Retomando o tema principal, a mencionada espada afiada na boca do Filho do Homem é a sua *Palavra,* a "espada do Espírito que é a Palavra de Deus" (Ef6:17), a qual traz o Juízo para a humanidade: "A Palavra de Deus é viva, eficaz, e mais penetrante do que qualquer espada de dois gumes; penetra até dividir alma e espírito, junturas e medulas. Ela julga as disposições e as intenções do coração" (Hb4:12). Tudo quanto está latente na Criação, ou mesmo escondido, será iluminado por essa Palavra do Filho do Homem: "Não há criatura que se lhe esquive à vista, a seus olhos tudo está desnudo, tudo subjugado por seu olhar. A ela é que devemos prestar contas" (Hb4:13).

Essa indicação da Palavra que julga é também muito clara nesse outro trecho do Apocalipse:

> "E vi a besta e os reis da Terra, com os seus exércitos, congregados para pelejarem contra aquele que estava montado no cavalo, e contra o seu exército. Mas a besta foi aprisionada, e com ela o falso profeta que, com os sinais feitos diante dela, seduziu aqueles que receberam a marca da besta, e eram os adoradores da sua imagem. Os dois foram lançados vivos dentro do lago de fogo que arde com enxofre. Os restantes foram mortos com a espada que saía da boca daquele que estava montado no cavalo. E todas as aves se fartaram das suas carnes." (Ap19:19-21)

Aquele que está montado no cavalo (Filho do Homem) julga o mundo através da espada que sai de sua boca (a Palavra). A Palavra que julga é, porém, ao mesmo tempo, a Palavra da Salvação. Quem desejar viver segundo a Palavra, isto é, viver em conformidade com a vontade de Deus, ou, o que vem a dar no mesmo, de acordo com as leis da Criação, este encontrará a salvação através do *próprio esforço* em ascender espiritualmente. Mas os que recusarem a Palavra, último auxílio de Deus à humanidade, ou que se mostrarem indiferentes em relação a ela, condenam-se a si mesmos no Juízo.

No trecho a seguir, o Juízo Final desencadeado pelo Filho do Homem está nitidamente expresso na imagem de uma colheita:

> "Olhei, e eis uma nuvem branca, e sentado sobre a nuvem um semelhante ao Filho do Homem, tendo na cabeça uma coroa de ouro, e na mão uma foice afiada. Outro anjo saiu do santuário, gritando em grande voz para aquele que se achava sentado sobre a nuvem: Toma a tua foice e ceifa, pois chegou a hora de ceifar, visto que a seara da Terra já secou. E aquele que estava sentado sobre a nuvem passou a sua foice sobre a Terra, e a Terra foi ceifada." (Ap14:14-16)

Logo em seguida à descrição dos 144 mil eleitos, um anjo anuncia o Juízo juntamente com uma nova revelação para a humanidade: a Palavra da Verdade. Esse anjo proclama a existência de "um Evangelho Eterno a todos que habitam sobre a Terra" (Ap14:6), e anuncia que com isso também é chegado o tempo do Julgamento para os seres humanos:

> "Temei a Deus e rendei-Lhe glória, pois ela chegou, a hora do seu Julgamento." (Ap14:7)

Abaixo, uma outra visão do Filho do Homem e da Palavra que julga – a *espada afiada* que sai de sua boca. Neste trecho, o Filho do Homem é chamado de Fiel e Verdadeiro, Rei dos Reis, Senhor dos Senhores, Verbo de Deus:

> "Vi o céu aberto, e eis um cavalo branco. O seu cavaleiro se chama Fiel e Verdadeiro, e julga e peleja com justiça. Os seus olhos são chama de fogo; na sua cabeça há muitos diademas; tem um nome escrito que ninguém conhece senão ele mesmo. Está vestido com um manto tinto de sangue, e o seu nome se chama o Verbo de Deus; e seguiam-no os exércitos que há no céu, montando cavalos brancos, com vestiduras de linho finíssimo, branco e puro. Sai da sua boca uma espada afiada, para com ela ferir as nações; e ele mesmo as regerá com cetro de ferro, e pessoalmente pisa o lagar do vinho do furor da Ira do Deus Todo-Poderoso. Tem no seu manto e na sua coxa um nome inscrito: REI DOS REIS E SENHOR DOS SENHORES." (Ap19:11-16)

O livro diz que a besta, juntamente com dez reis, lutarão contra o Filho do Homem no Juízo, e serão vencidos por ele e pelos que estiverem ao seu lado nessa época de contenda:

> "Ele os vencerá, pois é SENHOR DOS SENHORES E REI DOS REIS, e com ele vencerão também os convocados, os eleitos e os fiéis." (Ap17:14)

A passagem a seguir indica que o Filho do Homem, a vontade de Deus, tudo renova com o Juízo; ele é o Alfa e o Ômega, a origem e o fim de toda a Criação, e tudo se julga nele. A fonte da água viva é a sua Palavra, que não apenas traz o Julgamento mas também salva aquele cujo espírito tem sede de vida eterna:

> "Eu sou o Alfa e o Ômega, aquele que é, o que era e que há de vir. (...) Eis que faço novas todas as coisas! Eu sou o Alfa e o Ômega, o Princípio e o Fim; a quem tem sede eu darei gratuitamente da fonte da água viva." (Ap1:8;21:5,6)

A necessidade de se estar preparado para a vinda do Juiz – o Filho do Homem, com as vestes do espírito lavadas e limpas, isto é, a alma, se mostra de maneira bastante incisiva na passagem a seguir:

"Eis que venho em breve, e minha retribuição está comigo, para pagar a cada um segundo as suas obras. Eu sou o Alfa e o Ômega, o Primeiro e o Último, o Começo e o Fim. Felizes os que lavam suas vestes, para que lhes caiba o direito à árvore da vida." (Ap22:12-14)

Felizes os que *lavam suas vestes...*, ou seja, os que se dão ao trabalho para tanto! O Alfa e o Ômega são a primeira e última letras do alfabeto grego. Para melhor compreensão das expressões Alfa e Ômega, Primeiro e Último, Começo e Fim, em conexão com Imanuel, o Filho do Homem, reproduzo aqui um parágrafo da dissertação *Os Planos Espírito-Primordiais III*, da obra Na Luz da Verdade, de Abdruschin*:

"Jesus é o amor de Deus; Imanuel é a vontade de Deus! Por isso a Criação vibra em seu nome. Tudo quanto nela acontece, tudo quanto nela se realiza se acha inscrito nesse nome, o qual mantém a Criação, do menor ao maior fenômeno! Nada existe que não se origine desse nome e que não tenha de cumprir-se nele."

---

* Para uma explicação mais detalhada do "Alfa e Ômega", ver a resposta de Abdruschin a essa questão no seu livro Respostas a Perguntas, publicado pela Editora Ordem do Graal na Terra.

Na passagem abaixo, temos um vislumbre do pavor que tomará conta das pessoas na última fase do Juízo, particularmente daqueles que se julgavam protegidos e intocáveis com seus poderes terrenais:

> "Os reis da Terra, os grandes, os chefes, os ricos, os poderosos, todos, tanto escravos como livres, esconderam-se nas cavernas e grutas das montanhas. E diziam às montanhas e aos rochedos: Caí sobre nós e escondei-nos da face daquele que está sentado no trono da Ira do Cordeiro, porque chegou o grande Dia da sua Ira, e quem poderá subsistir?" (Ap6:15-17)

O Dia da Ira é a chamada grande tribulação (cf. Ap7:14) ou tribulações, a época do Juízo Final, que se encontra em plena efetivação. A esse respeito, é oportuno citar a interpretação do teólogo Rinaldo Fabris: "O termo 'tribulações' refere-se aos sofrimentos do tempo final, ou seja, as tribulações que afligem inclusive os justos e os fiéis e que prenunciam a irrupção do reino e do Julgamento de Deus."

Naturalmente, nenhum verdadeiro justo ou verdadeiro fiel pode ser atribulado se ele mesmo não tiver dado causa para isso. Tudo quanto atinge a humanidade de hoje e cada um individualmente é, sim, efeito retroativo, consequência de nossa nefasta atuação no passado e também no presente. Quer se trate de destruições provocadas por catástrofes da natureza ou alterações climáticas, descalabro econômico ou degenerescência moral, doenças terríveis ou crises de pânico, violência ou depressão, tudo é efeito do aceleramento desse retorno cármico coletivo, que traz de volta o mal semeado outrora, sempre na medida exata da contribuição de cada um, tanto na forma como no conteúdo, de modo que "cada um é punido por aquilo que peca" (Sb11:16).

Essa contingência de incondicional reciprocidade, aliás, é a chave para a compreensão do processo de anunciação das grandes profecias dos tempos antigos. Assim como um astrônomo pode prever quando e como ocorrerá um eclipse do Sol, visto conhecer as leis da mecânica celeste e saber que são imutáveis, o conhecimento das leis universais da Criação, igualmente imutáveis, permite saber de antemão o que aguarda a humanidade como um todo no futuro, em decorrência de seu comportamento anterior.

Desse modo, já há muito pôde ser previsto pela Luz o que os seres humanos da época atual teriam de enfrentar, em decorrência de sua própria atuação malévola de outrora. Daí se originaram as grandes revelações na forma de imagens. Esses agraciados foram instrumentos da Luz, utilizados para transmitir essas mensagens tão importantes, porém não eram "divinamente inspirados" nem tampouco foram "possuídos pelo Espírito Santo" para cumprir suas missões. Eram seres humanos convocados, porém pessoas normais. Um astrônomo que vaticinasse a ocorrência de um grande eclipse junto a uma tribo de índios selvagens também seria considerado por eles como um "ser divino" ou algo semelhante, porque aqueles silvícolas não conhecem as leis nas quais o astrônomo se baseou para fazer sua previsão. O processo é o mesmo.

CAPÍTULO 3

PROFECIAS APÓCRIFAS

Agora, as testemunhas apócrifas. Além dos textos do Antigo Testamento, há várias outras menções sobre o Filho do Homem e o Juízo Final nos assim chamados livros apócrifos, que não constam das atuais versões da Bíblia.

A expressão "apócrifo" advém do grego *apokryphos,* que originalmente indicava aquilo que é oculto, secreto. Segundo a Introdução ao Novo Testamento da Tradução Ecumênica da Bíblia, esse termo era "reservado para um certo número de obras que, apesar de certa semelhança com os escritos canônicos do Novo Testamento, eram consideradas como transmissoras de *ideias estranhas* às da Igreja e, em geral, secretas ou latentes, isto é, reservadas para um ambiente 'sectário', único a poder dispor delas para nelas haurir um 'verdadeiro conhecimento', ou *gnose*. Esses livros, embora fossem em certos casos recomendados à leitura individual por seu caráter edificante, deviam permanecer ocultos no decorrer da prática litúrgica pública."

No início do Cristianismo houve vários movimentos distintos da linha hoje dominante, em especial os chamados "gnósticos", em que os membros procuravam o aperfeiçoamento pessoal através da gnose (do grego *gnosis* – conhecimento). Depois que o imperador romano Constantino convocou o Concílio de Niceia, em 335, o Cristianismo passou a ser a religião oficial do Estado, mais exatamente a linha do bispado de Roma. A partir daí as outras florescentes correntes cristãs foram sistematicamente anatematizadas em sucessivos concílios. Tudo o que não rezasse literalmente pela cartilha romana era tido como heresia. Nesse contexto, o gnosticismo foi considerado pela Igreja uma heresia como outra qualquer, e tratada como tal. Muitos textos evangélicos produzidos nos séculos III, IV e V foram eliminados por estarem permeados de conceitos gnósticos. De fato, muita coisa ali era completamente *incognoscível* para o cristão de outrora e também para o de hoje, como vários aspectos da sabedoria grega e a noção de reencarnação. Uma boa parte desses textos antigos foi descoberta em 1947 na localidade egípcia de Nag Hammadi e conservados, ou melhor dito, escondidos numa biblioteca de escritos gnósticos. Alguns desses manuscritos utilizam e citam o Evangelho canônico de João... Parece que esse Evangelho era de fato o preferido no início do Cristianismo, pois existem cinco cópias preservadas dele do século III, e apenas uma cópia de cada um dos outros Evangelhos nessa mesma data.

Quem primeiro cunhou o termo "apócrifo" explicitamente no sentido de não-canônico foi Jerônimo, o tradutor da versão latina da Bíblia conhecida como Vulgata*, no ano 405. Com o tempo, essa expressão acabou adquirindo um sentido marcadamente pejorativo, passando a significar toda e qualquer obra herética, espúria, não pertencente ao cânon.

Maria Helena de Oliveira Tricca, compiladora da obra Apócrifos – Os Proscritos da Bíblia, diz: "Muitos dos chamados textos apócrifos já fizeram parte da Bíblia, mas ao longo dos sucessivos concílios acabaram sendo eliminados. Houve os que depois viriam a ser beneficiados por uma reconsideração e tornariam a partilhar o Livro dos Livros. Exemplos: o Livro da Sabedoria, atribuído a Salomão, o Eclesiástico ou Sirac, as Odes de Salomão, o Tobit ou Livro de Tobias, o Livro dos Macabeus e outros mais. A maioria ficou definitivamente fora, como o famoso Livro de Enoch, o Livro da Ascensão de Isaías e os Livros III e IV dos Macabeus."

É difícil entender que uma Palavra divina possa ser alterada assim tão fácil e impunemente por mãos humanas, que seus textos possam ficar na dependência de serem julgados bons ou maus, canônicos ou não, por juízes e dignitários eclesiásticos. Além disso,

---

* O nome Vulgata provém das características do texto, redigido sob forma literária comum, ou "vulgar" no sentido etimológico, de onde surgiu a terminologia de "versão divulgada".

há menções a certos livros apócrifos, e mesmo trechos destes, nos próprios textos canônicos! Se os livros canônicos são inspirados, autênticos e infalíveis, então as citações que neles aparecem de alguns escritos apócrifos também legitimam necessariamente esses últimos. O caso mais interessante é o do Livro de Enoch, mas há outros...

Por exemplo: a conhecida expressão "muitos são chamados, mas poucos escolhidos" [*Multi sunt vocati, pauci vero electi*] (cf. Mt20:16;22:14) foi retirada do livro apócrifo 4Esdras, onde aparece por três vezes. Nesse livro, que tal como o Apocalipse de Baruc foi escrito na mesma época do canônico Apocalipse de João, há uma passagem em que se nota uma nítida semelhança com o Filho do Homem citado no Livro de Enoch. Trata-se da sexta visão, descrita dessa forma por L. Rost em sua obra Introdução aos Livros Apócrifos e Pseudepígrafos: "A sexta visão mostra um ser semelhante ao homem, que surge do meio do mar e luta sobre as nuvens – à frente de um grande exército e com torrentes de fogo – contra os seus inimigos, até que estes se convertam em fumo e pó." Este homem acaba então reduzindo a cinzas, com *o fogo de sua boca* (a Palavra julgadora), uma multidão que o combate:

> "Eu vi, repara, esse Homem voou sobre as nuvens. E para onde virava o olhar, aí tremia

tudo o que ele avistava. (...) E repara, quando viu o assalto da multidão, ele não ergueu a mão, não sacou da espada, nem de outra arma; vi apenas como ele expelia de sua boca algo como ondas de fogo, e de seus lábios um sopro flamejante. Isso caiu sobre a multidão afluente que estava preparada para o combate, e incendiou tudo, de modo que subitamente nada mais se via da multidão inumerável além de cinzas e cheiro de fumaça."

(4Esd13:2,3,9-11)

No trecho abaixo, extraído desse mesmo livro 4Esdras, aparecem as condições reinantes na tribulação, a época relacionada ao Filho do Homem:

"Chegam os dias em que o Altíssimo libertará os que habitam a Terra; a confusão apoderar-se-á deles, proporão fazer guerras entre si, cidade contra cidade, nação contra nação e reino contra reino. Quando acontecerem essas coisas e se produzirem os sinais que vos anunciei, então será revelado meu Filho, aquele que viste como Homem surgindo do mar."

(4Esd13:30-32)

Em 4Esdras vemos distintamente a atividade do Messias *e* a do Filho do Homem, *uma após a outra...* O Filho do Homem é chamado textualmente de "Filho do Altíssimo" (4Esd13), sendo designado ainda como "o Ungido que o Altíssimo *reserva para o fim"*. Por duas vezes Deus o chama de "Meu Filho".

É desconcertante o fato de esse livro ter sido considerado apócrifo, mesmo constando inicialmente do cânon de Jamnia (antiga cidade na fronteira de Judá). Sim, desconcertante, visto trazer vários outros conceitos verdadeiros e muito importantes, como este: "Todo homem é responsável pela própria condenação eterna, e os justos não podem interceder em favor dos maus" (4Esd7:102-115). Uma frase que derruba por completo a ideia de um sacrifício vicário de Jesus em favor da humanidade. Talvez por isso mesmo tenha sido preterido.

Nos antigos manuscritos da Vulgata, que ainda comportavam esse livro, um outro trecho foi simplesmente suprimido (4Esd8:36-105), porque descartava de modo explícito a ideia de "orações pelos mortos", tal como preconizada pela Igreja... Os diálogos no livro sempre apresentam o pecado como a causa do mal no passado, no presente e no futuro, porque "o homem possui um coração mal", e ainda avisam que no Juízo "cada um arcará com a própria responsabilidade" (cf. 4Esd7:102-105). Cada qual é, portanto, o único responsável pela própria salvação, de acordo com o quarto livro de Esdras. Teria sido esse o motivo de o livro ter sido classificado pelo teólogo Boldenstein, no ano de 1520, como um dos livros "perigosos" dentre as duas categorias em que dividira os livros apócrifos: úteis e perigosos?... Sim, muito perigoso... para a indolência espiritual humana!

Outro ponto desconfortável abordado no livro 4Esdras é o do reduzido número de pessoas salvas: "Perecerão não uns poucos, mas quase todos os que foram criados" (4Esd7:48); "Muitos na verdade foram criados, mas poucos serão salvos" (4Esd8:3); "São mais numerosos os que se perdem do que os que se salvam, em tal proporção como o curso das águas é maior do que uma gota" (4Esd9:15). E a manifestação atribuída ao Senhor em relação a esse fato, também não se coaduna com a doce ilusão de um amor condescendente que tudo perdoa: "Alegrar-me-ei com os poucos que se salvam; não me afligirei pela multidão que perecer" (4Esd7:61,62). O livro também diz que se cometermos pecado morreremos, uma morte do íntimo, do nosso "coração", deixando claro tratar-se da morte espiritual: "Nós que recebemos a lei e pecamos, morreremos, assim como nosso coração que a recebeu" (4Esd9:37).

É uma lástima que esse livro não seja mais publicado, pois poderia dar uma boa injeção de ânimo na mornidão das massas de fiéis cristãos. Antes de ser sumariamente banido da Bíblia, 4Esdras era muito bem considerado entre os cristãos ativos de outrora, desfrutando de enorme popularidade na Igreja primitiva. Prova disso é a quantidade de idiomas em que foi traduzido: latim, siríaco, etíope, árabe, copta, armênio, georgiano...

Igualmente lastimável é que o Segundo Livro de Baruc também tenha sido carimbado de apócrifo, do contrário muita gente hoje ficaria sabendo que "se o primeiro Adão pecou e trouxe a morte para todos os que ainda não existiam, todos os que dele nasceram, todavia, *prepararam para a própria alma os suplícios futuros;* (...) porque Adão não foi a causa única, sozinho; em relação a nós todos, *cada um é, para si mesmo, Adão"* (2Br54:15,19). Uma indicação clara da responsabilidade pessoal de cada um.

O apócrifo conhecido como Apocalipse de Abraão diz, no capítulo 29, que na última era do mundo haverá um *Homem* que reunirá os justos, trará o julgamento para os gentios e esperança para os outros; a ele se seguirão pragas terríveis. Nesse livro apócrifo também se discerne nitidamente a atuação do Juiz na última era da humanidade.

Outro livro apócrifo que aborda a vinda e a missão do Filho do Homem é o Salmos de Salomão. No capítulo 17, o autor roga ao Senhor para cingir o enviado com Sua força, para que ele (o Juiz) possa "esfacelar a substância dos pecadores com bastão de ferro, e aniquilar nações sem lei pela *Palavra de sua boca"*. Uma outra passagem extremamente interessante desse mesmo capítulo é a seguinte:

> "Com sua ameaça, o inimigo vai fugir de sua presença; e ele açoitará os pecadores pelos pensamentos dos corações destes." (SlSal7:26)

O Juiz castigará os pecadores pelos pensamentos deles!... Essa visão da atuação do Juízo é absolutamente correta. Os pensamentos maus, desregrados, retornam agora no Juízo com toda a força sobre os geradores, muito robustecidos, efetivando-se correspondentemente.

Maus pensamentos e más intuições já formam, sim, um carma ruim, que terá de efetivar-se mais cedo ou mais tarde sobre o gerador. O ser humano dispõe da capacidade de *atenuar* um mau efeito retroativo prestes a se abater sobre ele, caso mude sua disposição interior, nunca porém de eliminá-lo antes da sua efetivação. Está em suas mãos estipular o montante a ser pago, mas não extinguir a dívida a ser saldada. Jesus esclareceu esta contingência de uma forma bastante simples e clara: "Entra em acordo sem demora com o teu adversário, enquanto estás com ele a caminho, para que o adversário não te entregue ao juiz, o juiz ao oficial de justiça, e sejas recolhido à prisão. Em verdade te digo que não sairás dali enquanto não pagares até o último centavo."(Mt5:25,26)

Pagar até o último centavo... Pagar até o último centavo! Como, depois dessas palavras, pode um cristão supor que uma outra pessoa, talvez até muito mais sobrecarregada de culpa do que ele, tenha o poder de lhe perdoar os pecados?... "Cada qual tem de carregar seu próprio fardo" (Gl 6:5), já avisava Paulo. Só sairemos da prisão dos nossos erros para a liberdade real após pagar o último centavo de nossas culpas; só deixaremos a matéria rumo ao reino espiritual depois de resgatar dentro dela todas as nossas faltas. Progredimos quando reconhecemos a causa do nosso pesado fardo de sofrimento, mas nenhum centavo* nos poderá ser perdoado arbitrariamente.

Outros trechos desse capítulo de Salmos de Salomão:

> "[Ele] vai reunir um povo santo que conduzirá em Justiça. (...) Não permitirá que a injustiça continue a morar em seu meio, e nenhum homem que conheça o mal habitará entre eles. (...) Não haverá injustiça entre eles nos dias dele, pois todos serão santos, e seu rei é o Ungido do Senhor."
> (SlSal 7:27-30)

---

* O centavo mencionado por Mateus é o *lepto* grego, uma moeda fina e minúscula, com diâmetro de um centímetro e peso pouco maior que um grama.

Esses eleitos referem-se a um povo que fora convocado para atuar no Juízo, como guia dos demais povos. O Filho do Homem é aqui chamado de "Ungido do Senhor". É ele, pois, um dos dois Ungidos citados no livro do profeta Zacarias: *"os dois Ungidos,* que estão sempre de pé diante Daquele que é o Senhor da Terra inteira" (cf. Zc4:11-14). O outro Ungido do Senhor é Jesus, o Filho de Deus. Na tradição bíblica, o "Ungido" (*Messias* em hebraico e *Cristo* em grego) é aquele que recebe o sinal de uma missão divina.

O apócrifo Testamento dos Doze Patriarcas relata, com uma clareza ofuscante, o papel do Juiz no fim dos tempos:

> "Saibas agora que o Senhor julgará os homens, e nesse momento as rochas se fenderão, o Sol se apagará, as águas secarão, o fogo gelará, toda criatura se angustiará e os espíritos invisíveis se desvanecerão. (...) O nome do Altíssimo será então exaltado, pois Deus, o Senhor, aparecerá sobre a Terra, para salvar pessoalmente os homens. Então serão esmagados todos os espíritos do erro. (...) Ele mesmo aparecerá na forma de um Homem, comendo e bebendo com os homens. E afogará a cabeça do dragão na água. (...) Ele acorrentará Belial, e dará aos seus

filhos o poder de enfrentar os espíritos maus. (...) O próprio Deus se comunica, na forma humana. Dizei aos vossos filhos que sejam obedientes a ele!"

(3IV:1;2VI:2;3XVIII:4;10VII:2)

Belial é um outro nome para Baal, o principal servo de Lúcifer, muito cultuado na Antiguidade. Aqui se observa uma falha, pois o Juiz manietou o próprio Lúcifer, e não seu servo Baal. A imagem do dragão derrotado, representando o inimigo vencido de Deus, é recorrente nos antigos escritos.

Numa outra passagem desse escrito, na parte referente ao "Testamento de Judá", lê-se o seguinte sobre o advento do Juiz e os que andarem ao seu lado:

"Depois disto se levantará em paz um astro da linhagem de Jacó e surgirá um Homem de minha semente como Sol justo, caminhando junto com os filhos dos homens em humildade e justiça, e não se encontrará nele nenhum pecado. Os céus se abrirão sobre ele para derramar as bênçãos do Espírito do Pai Santo. Ele mesmo derramará também o Espírito de graça sobre vós. Sereis seus filhos na Verdade e caminhareis pelo caminho de seus preceitos, os primeiros e os últimos."

(TestJud24:1-3)

Quem andar pelo caminho de seus preceitos, ou seja, quem guiar sua vida segundo seus ensinamentos, será como um "filho" dele, dentro da Verdade da sua Palavra.

O Livro Secreto de João diz que certas questões humanas importantes só se tornarão claras na época em que viver na Terra a "raça inalterável" (os salvos), cujo governante será o "Espírito da Vida" (Filho do Homem):

> "[Serão reveladas] à raça inalterável, sobre a qual o Espírito da Vida descerá e habitará com poder. Eles alcançarão a salvação e se tornarão perfeitos. E eles se tornarão dignos de grandezas. E lá eles serão purificados de toda imperfeição e das angústias da maldade, estando ansiosos por nada, exceto pela incorruptibilidade, meditando daí em diante sobre isso sem raiva, inveja, má vontade, desejo ou insaciabilidade." (LsJ25:18-30)

A chamada Revelação de Adão também fornece um quadro de como será a vida na Terra, após o Juízo, dos seres humanos salvos:

> "Nada de abominável estará em seus corações, somente o conhecimento de Deus. Bem-aventuradas são as almas daquelas pessoas,

> pois tiveram conhecimento de Deus no conhecimento da Verdade. Elas viverão para todo o sempre!" (RvA72:12;83:12-14)

Mais uma vez, o conhecimento da Verdade indica a Palavra da Verdade, trazida pelo Juiz.

O texto conhecido como Realidade dos Governantes traz um testemunho impressionante sobre a vinda do Filho do Homem e a vida após o Juízo. No texto, alguém pergunta quanto tempo ainda falta para que as pessoas sejam libertadas dos erros, e a resposta, dada por uma voz clara, é a seguinte:

> "Até o momento em que o verdadeiro ser humano, dentro de uma forma modelada, revele a existência do Espírito de Verdade, que o Pai mandou. Então este ser os instruirá sobre todas as coisas, e os ungirá com o unguento da vida eterna." (Rg96:32)

Em seguida, a voz descreve como as pessoas se comportarão:

> "Então eles serão libertados de pensamentos cegos. E eles calcarão aos pés a morte. E eles ascenderão à Luz ilimitada. Então todos os filhos da Luz terão verdadeiramente conhecimento da Verdade, e do Pai da Totalidade e do Espírito

Santo. Eles todos dirão a uma só voz: A Verdade do Pai é justa, e o Filho a preside à totalidade. E de cada um, por todos os séculos dos séculos, Santo, Santo, Santo!" (Rg97:5,13-192)

"Eles calcarão aos pés a morte..." A morte espiritual não poderá mais alcançar "os filhos da Luz que têm verdadeiro conhecimento da Verdade".

Todas essas passagens são muito significativas. Contudo, de todos os apocalipses apócrifos, o mais claro, o mais explícito, o mais incisivo é, sem dúvida nenhuma, o Livro de Enoch.

Esse livro era praticamente desconhecido até o século XVIII, à exceção de uns poucos fragmentos esparsos. Foi então que, no ano de 1773, o viajante inglês Bruce encontrou um texto completo em versão etíope, a qual foi traduzida para o inglês em 1821, e a partir daí o interesse pelo texto naturalmente cresceu. Apesar de esse Livro de Enoch – escrito presumivelmente por volta de 110 a.C. (há quem estime o século III a.C.) – ser atualmente classificado de apócrifo, as evidências de sua legitimidade intrínseca são muitas, como veremos a seguir. Aliás, o livro só foi conservado íntegro em etíope justamente porque a Igreja da Etiópia o considerava canônico. Além da Igreja etíope, outros grupos cristãos manifestavam também clara tendência em reconhecer o caráter canônico do livro. O biblista John

Mckenzie informa que o Livro de Enoch foi compilado por vários autores no século II a.C., tornando-se muito popular entre os cristãos nos três primeiros séculos da nossa era.

Observa-se inicialmente que Enoch, cujo nome significa "iniciado", e a quem o evangelista Lucas atribui a paternidade do célebre Matusalém (cf. Lc3:37; Gn5:21), gozava de grande prestígio nos tempos antigos. Na Epístola aos Hebreus, por exemplo, está dito que "Enoch obteve testemunho de haver agradado a Deus" (Hb11:5;). Quando chega ao nome de Enoch na lista que faz dos elogios aos homens ilustres, o autor do livro de Eclesiástico afirma que "Enoch agradou ao Senhor e foi arrebatado, exemplo de conversão para as gerações" (Eclo44:16), e que "ninguém na Terra foi semelhante a ele" (Eclo49:14). No Gênesis, Enoch é citado como aquele que "andou na presença de Deus, e a quem Ele tomou para Si" (Gn5:24). No original hebraico, a expressão literal é *caminhou com Deus,* cujo significado no Judaísmo antigo é "agiu de acordo com a vontade de Deus".

Na comunidade de Qumran o Livro de Enoch também era considerado canônico. A popularidade que o livro desfrutava ali é atestada pelo grande número de cópias encontradas no conjunto dos Manuscritos do Mar Morto. A grande estima que o Livro de Enoch gozava na Antiguidade é confirmada por vários autores cristãos antigos, como: Clemente de Alexandria, Justino, Orígenes, e ainda outros. A mais antiga coletânea de textos do Antigo Testamento em grego, com idade atribuída ao século IV, descoberta em 1931 nas ruínas de uma igreja próxima de Mênfis, no Egito, comportava várias partes do Livro de Enoch.

Vários pesquisadores também encontraram semelhanças muito significativas entre certos versículos dos Evangelhos de Mateus e de Lucas e trechos do Livro de Enoch. O teólogo italiano Luigi Moraldi, especialista em Ciências Bíblicas e professor de hebraico e línguas semitas comparadas, assevera que a resposta que Jesus dá ao tema apresentado pelos saduceus da mulher com sete maridos (cf. Lc20:27-33), tem como base justamente uma passagem do livro de Enoch, onde se diz que "a ressurreição será espiritual e que os justos ressuscitados serão como os anjos do céu". No livro deuterocanônico de Eclesiástico, o segundo versículo do primeiro capítulo, que trata do mistério da sabedoria, aparece integralmente no livro de Enoch.

Por fim, cabe ressaltar que o autor, Enoch, é nominalmente citado e tem um trecho do seu livro reproduzido na atual epístola canônica de Judas, no Novo Testamento da Bíblia, o que de acordo com a própria concepção evangélica da *sola scriptura* o convalida insofismavelmente. Essa concepção é oriunda da doutrina denominada *autopistia* – autotestemunho bíblico – segundo a qual as Escrituras são plenamente suficientes para fundamentar sua própria autoridade, de modo que a Bíblia diz exatamente o que ela significa e significa o que ela diz.

Quantas vezes não vemos estudiosos bíblicos justificarem essa ou aquela passagem do Antigo Testamento precisamente com a alegação de que é citada por este ou aquele autor do Novo Testamento? Não fazem isso até com o apócrifo Livro da Ascensão de Moisés, que tem um episódio seu citado na Epístola de Judas (cf. Jd9)? Essa prática faz parte do conceito que os reformadores chamavam de *scriptura scripturae interpres*, isto é, "as Escrituras interpretam as Escrituras". O trecho do Livro de Enoch reproduzido na Epístola de Judas, inclusive, alude justamente ao Filho do Homem e ao Juízo Final. Vamos a ele:

> "Quanto a estes foi que também profetizou Enoch, o sétimo depois de Adão, dizendo: Eis que veio o Senhor entre suas santas miríades, para exercer Juízo contra todos e para fazer convictos todos os ímpios, acerca de todas as obras ímpias que impiamente praticaram, e acerca de todas as palavras insolentes que ímpios e pecadores proferiram contra ele." (Jd14,15)

Segundo os pesquisadores, esse Judas, que não era o Iscariotes, seguramente conhecia o apóstolo Pedro. Vamos então dar-lhe o crédito quanto à clara legitimidade que concede ao Livro de Enoch e examinar mais alguns trechos desse livro realmente valioso. Antes de mais nada é importante salientar que, no início do livro, fazendo referência a si mesmo e à época a que se refere suas visões, Enoch escreve: "Houve um varão justo, cujos olhos foram abertos por Deus, que teve visões santas e celestiais, visões que não são para essa geração, *mas para uma longínqua, que há de vir.*" Essa geração longínqua que haveria de vir somos nós agora.

O texto a seguir aparece na obra Cosmos, Caos e o Mundo que Virá, de Norman Cohn, e transcreve algumas passagens selecionadas do Livro de Enoch. Observa-se que é muito nítida a imagem de um Julgamento levado a efeito pelo Filho do Homem:

> "Este chegará quando um número predeterminado de eleitos for alcançado. Então, o Senhor dos Espíritos tomará seu lugar no trono da glória, circundado pelas hostes angélicas e pela assembleia de anjos. Os 'livros dos livros' – os registros das boas e más ações de cada indivíduo – serão abertos e haverá o Julgamento. Esta será a tarefa do Filho do Homem: sentado com o Senhor dos Espíritos,

em um trono de glória, ele pronunciará as sentenças sobre os vivos e os mortos. (...) Por meio de seus julgamentos o Filho do Homem realizará uma purificação da Terra. Não só os pecadores humanos, mas também os anjos decaídos, 'aqueles que desencaminharam o mundo', serão afastados de uma vez por todas – 'e todas as suas obras serão eliminadas da face da Terra'. Todo o mal desaparecerá, vencido pela força do Messias entronizado – 'e a partir de então não haverá nada sujeito à corrupção'. Por fim, o Senhor dos Espíritos transformará o céu e a Terra em 'uma luz e uma bênção eternas'. (...) O Filho do Homem viverá no meio deles, e com ele os justos irão morar, comer, dormir e se levantar, para todo o sempre. Eles próprios serão transformados. O Senhor dos Espíritos lhes proporcionará 'as vestimentas da vida', de modo que se tornem semelhantes a anjos. E serão imortais: os escolhidos permanecerão na luz da vida eterna; e não haverá fim para os dias de sua vida."

Por que será que esse livro não está na Bíblia? Será por incompreensão? Por medo? Por ambos?...

Sobre os apocalipses apócrifos, a Tradução Ecumênica da Bíblia afirma: "Em certo número de apocalipses, o nome Filho do Homem designa, na realidade, uma figura essencialmente celeste, sem ponto de contato real com a humanidade e inacessível ao sofrimento." E acrescenta numa nota de rodapé: "Em vão se procuraria nas Escrituras um texto referente aos sofrimentos do Filho do Homem." Mas então isso é razão para que os livros que aludem abertamente ao Filho do Homem sejam considerados ilegítimos? Por mostrarem de maneira clara que o Filho do Homem não é Jesus? Que ele, tal como Jesus, não estava sujeito a nenhum sofrimento indispensável, e que se encontrava intimamente ligado ao desencadeamento do Juízo Final?...

Vamos examinar mais algumas passagens elucidativas do Livro de Enoch em relação ao Juízo Final e ao Filho do Homem, chamado ali também de Escolhido e Eleito. Os trechos reproduzidos abaixo mostram nitidamente demais o acontecimento do Juízo Final e a atuação do Juiz, o Filho do Homem:

> "As mais altas montanhas hão de tremer e os picos mais elevados desabarão, derretendo-se como cera ao fogo. A Terra será desmantelada e tudo que sobre ela existe será supresso; e tudo será submetido a Julgamento." (I.4)

> "Em verdade! Ele virá com milhares de santos, para exercer o Julgamento sobre o mundo inteiro e aniquilar todos os malfeitores, reprimir

toda carne pelas más ações tão iniquamente perpetradas e pelas palavras arrogantes que os pecadores insolentemente proferiram contra Ele." (I.6)

O trecho acima (I.6) é o citado da Epístola de Judas (cf. Jd14,15). Os *milhares de santos,* na verdade, não são "santos", mas sim indicam o exército celeste que serve ao Filho do Homem.

Após o Juízo serão plantadas obras de Justiça e Verdade eterna:

"E o Senhor disse a Miguel: 'Aniquila todas as almas lascivas e os filhos dos vigilantes por terem oprimido os homens. Elimina toda a opressão da face da Terra, desapareça todo ato de maldade, apareça o rebento da Justiça e da Verdade, transformem-se suas obras em bênçãos e plantem com júbilo obras de Justiça e de Verdade eterna.'" (X.15-17)

Os pecadores serão dizimados no Juízo. Melhor seria que não tivessem nascido:

"Quando a comunidade dos justos se tornar visível, e quando os pecadores forem castigados pelos seus pecados e expulsos da Terra, quando o Justo aparecer diante dos olhos dos justos, cujas obras estão guardadas junto ao Senhor dos Espíritos, e quando a luz dos justos e dos escolhidos brilhar sobre a Terra, onde estará então o lugar dos pecadores? Onde será o lugar de repouso para os que renegaram o Senhor dos Espíritos? Oh! Melhor seria para eles se não tivessem nascido!" (XXXVIII.1)

Todos os tiranos que governarem a Terra no fim dos tempos serão exterminados no Juízo:

"Então, naquele tempo, os reis e os poderosos serão aniquilados e entregues nas mãos dos justos e dos santos. A partir daquele momento, nenhum deles poderá pedir perdão ao Senhor dos Espíritos, pois a sua vida terá chegado ao fim." (XXXVIII.4)

Aqui uma descrição de impressionante clareza sobre a figura do Filho do Homem e sua atuação:

"Lá eu vi aquele que possui uma cabeça de ancião, e essa era branca como a lã; e junto dele havia um outro, cujo aspecto era de um Homem, o seu rosto era cheio de graça, semelhante ao de um anjo santo. Perguntei ao anjo que me acompanhava, e que me revelava todos os segredos, quem era aquele Filho do

Homem, de onde procedia, e por que estava com aquele que tem uma cabeça grisalha. Deu-me como resposta: 'Este é o Filho do Homem, o detentor da Justiça, que com ela mora e que revela todos os tesouros secretos, pois Ele foi escolhido pelo Senhor dos Espíritos, e o seu destino excede a tudo em retidão diante do Senhor dos Espíritos, por toda a eternidade. Este Filho do Homem que viste, arrancará reis e poderosos de seu sono voluptuoso, fá-los-á sair de suas terras inamovíveis, colocará freios nos poderosos, quebrará os dentes dos pecadores.'" (XLVI.1-2)

No tempo do Juízo, todos que tiverem sede de justiça e de sabedoria poderão se saciar através da Palavra da Verdade trazida pelo Filho do Homem:

"Naquele lugar eu vi o poço da justiça: ele era inesgotável, e ao seu redor havia muitos poços de sabedoria. Todos os que tinham sede bebiam deles e eram saciados de sabedoria, e moravam junto aos justos, aos santos e ao Eleito. E, naquela hora, o Filho do Homem era mencionado diante do Senhor dos Espíritos, e o seu nome era referido diante do Ancião. Antes que fossem criados o Sol e os signos, e antes que fossem feitas as estrelas do céu, o seu nome era pronunciado diante do Senhor dos Espíritos." (XLVIII.1-2)

É bastante significativo o fato de Enoch informar nessa passagem que o Filho do Homem já existia – *"seu nome era pronunciado"* – antes de a obra da Criação ser concluída. Uma evidência clara de que Jesus – o amor de Deus, e o Filho do Homem – a vontade viva e atuante de Deus, não são a mesma pessoa.

No século II da nossa era, o cristão Justino ensinava que antes da criação do mundo Deus estava sozinho, e não existia nenhum Filho. Quando Deus desejou criar o mundo, gerou outro ser divino para criar o mundo para Ele. Esse ser divino foi chamado "Filho" porque nasceu, e também foi chamado "Logos", palavra grega que tem o significado de "Ação da Fala". Quero intercalar aqui um trecho da dissertação *Deus*, da obra Na Luz da Verdade, de Abdruschin:

> *"Antes da Criação, Deus era um! Durante a Criação separou Ele uma parte de Sua vontade, para que atuasse autonomamente na Criação, tornando-se assim dual. Quando se tornou necessário remeter um mediador à humanidade transviada, por ser impossível uma ligação direta entre a pureza de Deus e a humanidade que se*

> *acorrentara por si, separou Ele, movido de amor, uma parte de si mesmo para a aproximação temporária aos seres humanos, a fim de novamente poder se tornar compreensível à humanidade, e com o nascimento de Cristo tornou-se **triplo!**"*

O Filho de Deus é o depositário do amor divino, "o Amor de Deus que está em Cristo Jesus, nosso Senhor" (Rm8:39), no qual temos de "nos manter" (Jd21). Ele é o "Filho Unigênito que Deus enviou ao mundo, para que, por meio dele, tenhamos a vida" (1Jo4:9).

O Filho do Homem, por sua vez, é a personificação da "boa, agradável e perfeita vontade de Deus" (Rm12:2), a qual devemos "cumprir de coração" (Ef6:6). Nossa disposição deve ser de conservarmo-nos sempre "perfeitos e convictos em toda a vontade de Deus" (Cl4:12), vivendo "não de acordo com as paixões dos homens, mas segundo a vontade de Deus" (1Pe4:2). Se não agirmos assim, seremos como os fariseus, que menosprezavam ambos – a justiça e o amor divinos, que atuam em uníssono: eles "desprezavam a justiça e o amor de Deus" (Lc11:42).

Mais à frente veremos outras provas de que o Filho do Homem e o Filho de Deus são duas personalidades distintas.

A vida em comum dos justos com o Filho do Homem, mencionada no versículo acima do Livro de Enoch, apresenta um paralelo muito nítido com esse trecho do Livro da Sabedoria: "Os que nele confiam compreenderão a Verdade, e os que são fiéis no amor permanecerão com ele (...). E o Senhor reinará sobre eles para sempre." (Sb3:9,8).

Vamos prosseguir com extratos do Livro de Enoch. Aqui, a imagem de que o Filho do Homem será um bordão para os justos no Juízo:

> "Ele será um bordão para os justos, para que nele possam apoiar-se e não cair; ele será a luz dos povos e a esperança dos aflitos.(...) Para esse propósito ele foi escolhido e mantido oculto junto dele, antes que o mundo fosse criado; e ele será para todo o sempre. E a sabedoria do Senhor dos Espíritos revelou-o aos santos e aos justos." (XLVIII.3-4)

Mais uma imagem da destruição dos tiranos no tempo do fim. Nessa quadra o Criador é novamente chamado de Senhor dos Espíritos, e o Filho do Homem de Escolhido e Ungido:

> "Naqueles dias, os reis da Terra e os poderosos que possuem a Terra ficarão com o semblante abatido por causa das obras das suas mãos; no dia da angústia e privação não poderão salvar a alma. Eu os entregarei então nas mãos do

> meu Escolhido; eles arderão como palha ao fogo na presença dos justos e submergirão como chumbo na água diante dos santos, e não se encontrará mais sinal deles. No dia da sua tribulação estabelecer-se-á a paz sobre a Terra; cairão na presença deles e não mais poderão levantar-se. Ninguém então se apresentará para tomá-los pela mão e reerguê-los, porque eles negaram o Senhor dos Espíritos e o Seu Ungido." (XLVIII.5-6-7)

O Filho do Homem é chamado no versículo a seguir de Eleito. A sua ação de colocar à luz as coisas ocultas indica o processo do Juízo em andamento, que faz exatamente isso: mostra tudo e todos como realmente são, para que sejam julgados. É também a ratificação da sentença do Evangelho de Lucas: "Nada há de oculto que não haja de manifestar-se, nem escondido que não venha a ser conhecido e revelado" (Lc8:17).

> "Pois a sabedoria derramou-se como água, e a sua glória não cessará por toda a eternidade. Pois ele é poderoso em todos os mistérios da Justiça; e a injustiça desaparecerá como uma sombra e não mais subsistirá. O Eleito está diante do Senhor dos Espíritos, e a sua glória permanece de eternidade em eternidade e o

seu poder de geração em geração. Ele porá à luz as coisas ocultas, e diante dele ninguém poderá apresentar uma mentira, pois ele está diante do Senhor dos Espíritos, escolhido por seu beneplácito. Ele é justo no seu Julgamento, e diante da sua glória nenhuma iniquidade subsiste." (XLIX.1-3, L.4)

Os segredos da sabedoria que emanam da boca do Eleito provêm da Palavra sagrada que ele legou à humanidade:

"Naqueles dias o Eleito sentar-se-á sobre o seu trono, e de sua boca emanarão todos os segredos da sabedoria e do conselho; pois isto lhe é outorgado pelo Senhor dos Espíritos, que também o exalta." (LI.2)

Os seres humanos que cometeram iniquidades serão despertados à força no Juízo, para que reconheçam sua culpa, antes de desaparecerem para sempre:

"Naqueles dias, instaurar-se-á o castigo do Senhor dos Espíritos, e Ele abrirá todos os reservatórios de água que estão no alto dos céus, e todos os poços que estão debaixo da terra. E estes [os seres humanos], após reconhecerem que praticaram a iniquidade sobre

a Terra, serão aniquilados por causa dessa
mesma iniquidade." (LIV.5-7)

Abaixo vemos que o Juízo Final não precisa ser temido pelos justos (os escolhidos), mas apenas pelos pecadores:

"Mas quando se aproximar o Dia da força, do Julgamento e do castigo, o Dia preparado pelo Senhor dos Espíritos para aqueles que não reconhecem a Justiça da lei, mas antes a renegam e abusam do Seu santo nome, então estará preparado esse Dia; e esse Dia será uma dádiva para os escolhidos, mas uma desgraça para os pecadores." (LX.5)

O Juiz distribui justiça aos justos com sua presença. Estes serão salvos, "vivendo com o Filho do Homem", enquanto que os maus "sairão da presença" do Senhor, isto é, serão aniquilados, ficando apartados para sempre da Luz:

"Nesse dia, erguer-se-ão os reis, os poderosos e eminentes, e os que possuem a terra, e verão e saberão que ele se senta em seu trono glorioso e que em sua presença faz-se Justiça aos justos, e que não existe palavra vazia que diante dele se diga. Sentirão dor como a mulher que está em trabalho de parto e lhe é difícil parir. (...) Olharão uns para os outros consternados, cabisbaixos e encolhidos de dor. (...) Porém, este Senhor dos Espíritos forçá-los-á a saírem rápido de sua presença. (...) Os justos e os eleitos serão salvos e já não verão o rosto dos pecadores e dos iníquos. O Senhor dos Espíritos habitará neles; com o Filho do Homem morarão e comerão, deitarão e se levantarão pelos séculos dos séculos." (LXII.2)

A seguir é descrito o processo do Juízo levado a efeito pelo Filho do Homem. A imagem do Juiz sentado no trono, conduzindo o Julgamento, é muito poderosa. Na realidade, trata-se de uma alegoria com a finalidade de mostrar a implacabilidade do Juízo. Na obra Na Luz da Verdade, de Abdruschin, compreendemos o processo tal como realmente se desenrola. A "voz do Filho do Homem" é, mais uma vez, a sua Palavra da Verdade, que ecoa pelo Universo, julgando a humanidade.

"Ele assentou-se sobre o trono da sua glória; então foi confiado a Ele, o Filho do Homem, a condução do Julgamento, e fez com que desaparecessem da Terra os pecadores e os perversos do mundo. Eles serão postos em grilhões e encerrados no lugar comum da sua destruição;

todas as suas obras desaparecerão da Terra. De agora em diante, o corruptível deixará de existir, pois aquele Filho do Homem apareceu e assentou-se sobre o trono da sua glória, e diante da sua face todo o mal se dissipa e desaparece. E a voz daquele Filho do Homem se fará ouvir e será poderosa diante do Senhor dos Espíritos." (LXIX.15-16)

A justiça habita o Filho do Homem, porque ele próprio é a justiça encarnada. Quem "anda em seu caminho", isto é, quem vive a sua Palavra, encontrará a vida eterna:

"Então o ancião veio, com Michael, Gabriel, Phanuel e mil vezes mil e dez mil vezes dez mil anjos, em número incontável. Ele aproximou-se de mim, saudou-me com sua voz e falou-me: 'Este é o Filho do Homem, que haverá de nascer para a Justiça. A Justiça habita nele, e a Justiça do ancião não o abandona. (...) Todos os que andam nos seus caminhos – pois a Justiça nunca mais os abandonará – terão nele a sua morada e sua herança, e dele nunca mais se afastarão por toda a eternidade. E, assim, encontrar-se-á vida perene junto ao Filho do Homem, e os justos então gozarão paz e caminharão pelas veredas retas, para todo o sempre.'" (LXXI.7-9)

A imagem a seguir mostra que serão condenados no Juízo tanto os que ensinam a fé cega (os 70 pastores), como os que a acolhem sem nada questionar (as ovelhas cegas). É uma outra maneira de dizer que quando um cego guia outro cego caem ambos no abismo (cf. Mt15:14; Lc6:39).

> "E os 70 pastores foram julgados, mostraram-se culpados e também foram atirados ao abismo de fogo. Vi, naquele instante, que se abria um abismo como o anterior, no meio da Terra, cheio de fogo. Trouxeram as ovelhas cegas e foram todas julgadas. Foram condenadas, foram atiradas naquele redemoinho de fogo e começaram a arder." (XC.24-27)

O processo do Juízo Final faz aumentar o mal até o máximo, para que se evidencie e, a partir daí, seja extinto para sempre:

> "Mas quando em todos os atos aumentarem o pecado, a injustiça, a blasfêmia e a violência, e quando crescerem a apostasia, a prepotência e a contaminação, então sobrevirá na Terra um grande castigo do céu, e o Senhor aparecerá com ira e indignação, para realizar o Julgamento da Terra. Naqueles dias a prepotência será extirpada, e serão cortadas as raízes da

> injustiça e da fraude, sendo então eliminadas da face da Terra." (XCI.4)

Prossegue a imagem recorrente do salvamento dos justos e da destruição dos maus, juntamente com suas obras. Quem subsistir no Juízo só poderá viver na retidão:

> "Com o fim deles [os pecadores], os justos herdarão moradas, graças à sua retidão, e será erigida uma grande casa para o Rei excelso na sua glória, para sempre. Depois, na nona semana, será conhecido o Julgamento justo, e todas as obras dos ímpios desaparecerão da Terra; o mundo dos maus será atirado à ruína, e os homens todos haverão de buscar o caminho da retidão." (XCI.7)

Na quadra abaixo há uma correlação muito nítida com a seguinte passagem do livro de Ezequiel, referente à inutilidade das riquezas como tentativa de porto seguro no Juízo Final: "Atirarão às ruas a sua prata; o seu ouro será tratado como imundície; a sua prata e o seu ouro não poderão salvá-los no Dia do furor de Yahweh" (Ez7:19).

> "Ai daqueles que constroem as suas casas sobre pecados! Pois serão arrancados dos seus

fundamentos e perecerão pela espada; e aqueles que se apoiam no ouro e na prata serão instantaneamente reduzidos a nada no Julgamento." (XCIV.4)

Agora a imagem da lei da reciprocidade atuando no Julgamento:

"Ai de vós que praticastes o mal contra o vosso próximo. Ser-vos-á dada a paga segundo vossas obras. Ai de vós, línguas mentirosas, e ai daqueles que se atreveram a praticar a injustiça! Pois num instante chega a desgraça." (XCV.3)

No Dia do Juízo ninguém conseguirá esconder as palavras ofensivas proferidas e os atos malévolos praticados até então:

"Que quereis fazer, pecadores? Para onde desejais fugir naquele Dia do Juízo, quando ouvirdes em voz alta as orações dos justos? Na verdade, acontecer-vos-á como àqueles a quem se aplica esta palavra como testemunho: 'Vós fostes cúmplices dos pecadores!' Naqueles dias, a oração dos justos chegará ao Senhor, e os dias do vosso julgamento vos colherão de surpresa. Todas as vossas palavras ofensivas serão apresentadas diante do Grande e Santo; então

> vossa face enrubescerá de vergonha, e Ele condenará todos os atos que se fundaram sobre a injustiça." (XCVII.2-3)

O trecho abaixo é muito incisivo para indicar que todo o mal foi criado pelos próprios seres humanos em sua peregrinação pela materialidade, e que eles terão de responder por isso no Julgamento:

> "Por faltar-lhes o conhecimento e a sabedoria, perecerão com todos os seus tesouros, magnificência e honras, pelo assassinato e no opróbrio, e serão lançados na maior miséria em fornalha ardente. Juro-vos, pecadores: Assim como nenhuma montanha foi ou será um escravo, e assim como nenhuma colina se converterá em escrava de uma mulher, da mesma forma o pecado não foi enviado a esta Terra, mas sim foi obra dos homens por si mesmos; e grande condenação atraem sobre si os que o cometem." (XCVIII)

Dentre as muitas advertências contra a idolatria existentes na Bíblia, essa exortação do profeta Ezequiel se coaduna muito bem com as advertências de mesmo teor do Livro de Enoch: "Voltai, desviai-vos dos vossos ídolos imundos, desviai os vossos rostos de todas as vossas abominações" (Ez14:6). A idolatria será terrivelmente arrasada no Juízo, segundo o Livro de Enoch. Os idólatras e supersticiosos não encontrarão nenhuma saída e nenhum auxílio:

> "Uma vez mais vos juro, pecadores, que o pecado fica reservado para um Dia de interminável derramamento de sangue. Adorarão as pedras, as imagens de ouro, de prata e de madeira, os espíritos imundos, os demônios e todos os ídolos dos templos, mas não obterão nenhuma ajuda. Seus corações tornar-se-ão estúpidos à força de impiedade, e seus olhos serão tornados cegos pela superstição. Nos sonos e visões, serão ímpios e supersticiosos, serão mentirosos e idólatras. Perecerão todos!" (XCIX.4-5)

Destino completamente diferente terão os que reconhecerem a Palavra de sabedoria do Filho do Homem e procurarem viver segundo as diretrizes do Altíssimo:

> "Mas naqueles dias, felizes serão aqueles que tiverem recebido a Palavra de sabedoria, que tiverem procurado e seguido as vias do Altíssimo, que caminham nas sendas da Justiça e não nas rotas da impiedade, pois serão salvos." (XCIX.6)

Mesmo se o resgate das más ações não se verificar na própria vida terrena, virá certamente depois da morte:

> "Ai de vós, pecadores, ao morrerdes na plenitude dos vossos pecados, enquanto os vossos cúmplices dizem: 'Felizes são os pecadores, viveram bem todos os dias de suas vidas. Morreram na felicidade e na riqueza; não conheceram na sua vida nem aflição nem derramamento de sangue; morreram honrados, e nenhum julgamento aconteceu contra eles ao longo a sua vida.' Então não sabeis que as suas almas foram mandadas ao mundo inferior para, então, serem presas de grande aflição? O vosso espírito será entregue às trevas, aos grilhões e às chamas do fogo, no Dia em que se verificar o grande Julgamento. Ai de vós! Não conhecereis a paz." (CIII.3-4)

Os condenados têm seus nomes apagados do Livro da Vida no Juízo, e perecerão espiritualmente sob grandes tormentos:

> "Aguardai tão-somente; virá o tempo do completo desaparecimento do pecado! Os nomes dos pecadores serão apagados do Livro da Vida e dos livros santos, ficando seus descendentes para sempre eliminados. Seus espíritos

serão derrubados por terra. Gritarão e imprecarão num lugar imenso e deserto, ardendo no fogo; e isso não terá fim." (CVIII.2)

Aqui uma grande exortação para que os seres humanos abandonem suas iniquidades ainda em tempo. Uma advertência que permeou a atuação de todos os grandes profetas dos tempos antigos:

"Abandonai a impiedade do vosso coração! Não mintais! Não deturpeis as palavras da Verdade, não desvirtueis com mentiras as palavras do Santo e Altíssimo! Afastai-vos da adoração dos vossos ídolos! Pois todas as vossas falsidades e apostasias não conduzem de forma alguma à retidão, mas sim a um grande pecado." (CIV)

Não mintais!... Com essa incisiva exortação de Enoch, terminamos nosso apanhado sobre seu livro extraordinário.

Vamos agora falar de Baruc, cujo nome significa "Abençoado". Assim como Enoch, Baruc é outra personalidade controvertida no que concerne à canonicidade dos seus escritos. Dois livros apócrifos e um deuterocanônico levam seu nome, mas há dúvidas se de fato são de sua autoria, no todo ou em parte. A indisfarçável confusão do cânon estabelecido por mãos humanas fica espelhada de maneira ainda mais desalentadora nos escritos de Baruc. Seu livro principal não é encontrado na Bíblia hebraica, no entanto aparece na Septuaginta* grega e consta do cânon do Concílio de Trento, de modo que faz parte integrante da Bíblia católica, aparecendo depois de Lamentações.

Talvez seja útil fazer um parêntese aqui para observarmos o processo que resultou na formação do atual cânon bíblico. O leitor poderá então verificar, por si mesmo, se há ou não alguma condução do Alto nesse processo.

A palavra "cânon" deriva do grego *kanon*, originado do hebraico *qameh*, que designa uma espécie de vara delgada utilizada para medição, semelhante a uma régua. O termo aparece no livro do profeta Ezequiel, na descrição do homem que trazia na mão

---

* A palavra "septuaginta" vem do grego e significa "setenta". Também chamada simplesmente de "LXX", a Septuaginta é a mais antiga versão grega do Antigo Testamento, traduzida do original hebraico entre 250 e 350 a.C., supostamente por ordem do rei Ptolomeu II do Egito, para atender os judeus que residiam fora da Palestina. O título está ligado à hipótese de ter sido elaborada por 72 tradutores, seis de cada uma das 12 tribos de Israel. O certo é que a tradução não foi obra de um único autor, pois a qualidade varia bastante de um livro para outro. Um aspecto interessante da Septuaginta é que o tetragrama YHWH, que indica o nome de Deus, não foi traduzido para o grego, mas mantido com os caracteres hebraicos originais, o que mostra a profunda reverência que os tradutores devotavam ao nome do Criador.

uma "vara de medição" (Ez40:3). Esse sentido de medida acabou se expandindo com o tempo, passando a incluir a ideia genérica de gabarito, regra, preceito. Paulo já emprega o termo *cânon* para designar os "limites demarcados" para a comunidade de Corinto (cf. 2Co10:13) e a "norma de conduta" estabelecida para os Gálatas (cf. Gl6:16). Assim, um texto canônico é o que se insere dentro das regras de fé estipuladas pela Igreja, sendo por essa razão considerado legítimo, em detrimento de todos os outros.

A ideia comumente aceita é de que o cânon foi formado por inspiração divina. Os fatos históricos, porém, depõem contra essa acepção. Para termos uma noção do tamanho da confusão gerada na formação do cânon bíblico, é preciso lembrar inicialmente que a tradução grega da Bíblia feita no século III a.C. – a mencionada Septuaginta, já contemplava vários livros não existentes no antigo cânon hebraico (a Tanak* judaica), e que durante o século I a.C. essa versão grega ainda foi objeto de diversas recensões. Naquela época havia o Cânon dos Hebreus Helenizados, que incluía os livros extras, e o Cânon Palestinense, que os excluía. Quando os cristãos assumiram a organização do Antigo Testamento, acharam por

---

* Tanak é a sigla das três partes das Escrituras hebraicas: *T*orá (Pentateuco), *N*eviim (Profetas) e *K*etuvim (Escritos).

bem rejeitar alguns dos escritos aditivos existentes na Septuaginta, a saber: Salmos de Salomão, Odes, Primeiro Livro de Esdras, Terceiro e Quarto Livro dos Macabeus. A Igreja passou a denominar os livros extras remanescentes de "deuterocanônicos", isto é canônicos em "segunda (dêutero) instância", eufemismo para canônicos de segunda categoria. São eles: Judite, Primeiro e Segundo Livro dos Macabeus, Tobias, Eclesiástico (Sirácida ou Ben Sira), Baruc (com Epístola de Jeremias), Sabedoria, fragmentos gregos adicionais ao Livro de Ester (cerca de cem versículos e alguns acréscimos no livro de Daniel). Esse catálogo oficial de livros do Antigo Testamento foi promulgado no ano 393 no Concílio de Hipona, África do Norte, sendo posteriormente confirmado pelo Concílio de Cartago em 419, em contraposição, aliás, ao que fora discutido anteriormente no Concílio de Laodiceia, por volta do ano 360, onde os deuterocanônicos haviam sido rejeitados. Mas o Concílio de Trulico, em 692, se encarregou de embaralhar tudo de novo ao ratificar tanto o cânon de Laodiceia como o de Cartago.

Em relação ao Novo Testamento a situação não era melhor, pois a Igreja síria se recusava a incluir no seu cânon o livro do Apocalipse, as três epístolas de João, as duas de Pedro, a de Judas e a de Tiago, enquanto que a Igreja do Ocidente, por sua vez, não considerava canônica a Epístola aos Hebreus. Mais tarde, após a reforma protestante, as Igrejas ortodoxas do Oriente se dividiram, com algumas delas aceitando os livros deuterocanônicos dos católicos e outras não, ao passo que a Igreja etíope, na contramão da polêmica, resolveu até acrescentar mais oito livros ao seu cânon.

Por essa época, Lutero havia retomado a questão do cânon do Antigo Testamento, excluindo dele todos os deuterocanônicos (embora aconselhasse sua leitura), e propondo como critério escriturístico unicamente "o que leva a Cristo e comunica Cristo", o que fez alguns argumentarem que nesse caso haveria então "um cânon dentro do cânon".

Sem se importar muito com isso, os reformadores passaram a denominar de apócrifos os antigos livros deuterocanônicos dos católicos, causando uma previsível confusão com os textos apócrifos previamente existentes. Em vista disso, o Concílio de Trento decidiu, no ano de 1546, republicar oficialmente, sob pena de excomunhão, o cânon da Bíblia católica. O decreto do Concílio afirmava que "a verdade cristã está contida nos livros sagrados *e na tradição da Igreja*", e que "a Bíblia deve ser interpretada *segundo as diretrizes da Igreja*". A partir daí, os católicos passaram a ser obrigados a aceitar esses livros como "sacros e canônicos, integralmente, com todas as suas partes, conforme lidos na Igreja Católica e contidos na edição latina universalmente divulgada".

Essa edição latina era a já mencionada Vulgata, obra que o citado Concílio decretou ser "texto autorizado em matéria de fé e de vida", e sobre a qual o inquisidor espanhol León de Castro declarou em 1576: "Nada se pode mudar que discorde da edição latina da Vulgata, nem um único período, uma única conclusão ou uma única cláusula, uma única palavra de expressão, uma única sílaba ou ponto." Todavia, em 1590, constatou-se que a edição dessa Vulgata intangível e universalmente divulgada, levada a efeito sob os auspícios do papa Sixto V, estava eivada de erros, além de trazer em seu bojo, como apêndice, três livros apócrifos: Oração de Manassés, 1Esdras e 4Esdras. Em vista disso, seu sucessor imediato, Clemente VIII, providenciou uma edição revisada do texto autorizado, a chamada Vulgata Sixto-Clementina de 1600, declarada oficialmente (e novamente) irreformável.

Em 1943, o papa Pio XII explicou que a autenticidade da Vulgata então vigente era jurídica, e não crítica, garantindo que era "autêntica pelo seu longo uso por parte da Igreja", ratificando estar livre de erros de fé e de moral. Porém, tão logo encerrou-se o Concílio Vaticano II, em 1965, a Igreja publicou uma outra versão dessa Vulgata livre de erros. Foi mais uma versão reformada, denominada agora "Nova Vulgata", trazendo alterações substanciais em relação à versão anterior. E assim, para encurtar a estória, o

Antigo Testamento da Bíblia Cristã aparece hoje em dois cânones bastante modificados ao longo do tempo: o chamado "amplo" dos católicos e o "restrito" dos protestantes. Ambos sujeitos ainda a controvérsias sobre o que é "inspirado" e o que é "revelado", pois argumenta-se aí que se a inspiração produz livros sagrados, a revelação é o atestado de uma verdade.

Alguém consegue ver em todo esse imbróglio algum sinal de condução divina?... Aliás, se os livros bíblicos foram escritos sob inspiração divina, então os egípcios também foram igualmente inspirados, porque boa parte dos ditados constantes no livro de Provérbios (de Pv22:17 a Pv24:22) são transcrições literais do documento egípcio *Instrução de Amenemope,* escrito por volta de 1200 a.C., portanto mais de duzentos anos antes do reinado de Salomão, a quem se atribui a autoria dos provérbios. Além de egípcias, também se constatou influências acadianas nesse livro.

Mencione-se ainda que há quem faça uma diferenciação entre livro canônico e inspirado; assim, todos os livros inspirados seriam canônicos, mas nem todos os canônicos seriam inspirados. O livro canônico de Eclesiastes, por exemplo, não é considerado inspirado por alguns biblistas. Aliás, o termo "inspiração", tão exaustivamente repetido pelos teólogos em suas justificativas canônicas, e palco de tantas disputas, não aparece em lugar nenhum da Bíblia. O mais próximo que temos disso é a repisada frase: "Toda Escritura é inspirada por Deus e útil para ensinar, para argumentar, para corrigir..." (2Tm3:16).

Antes de mais nada, não existe nada diretamente "inspirado" pelo sempiterno Criador, porque Ele, o Senhor, se encontra a uma distância inapreensível de Suas criaturas mais perfeitas, quanto mais de um simples ser humano. O que de fato existe são escritos *indiretamente inspirados,* de pessoas para isso agraciadas, que se sintonizaram acertadamente na *vontade* de Deus, ou seja, às leis da Criação, que perfluem toda a Criação.

O Espírito Santo é a justiça e a vontade viva de Deus. Só um texto que se ajuste inteiramente a essa justiça e vontade, sem lacunas, pode, talvez, ousar atribuir a si a condição de indiretamente inspirado. E dessa espécie não faz parte "toda Escritura" absolutamente. Conforme alguns estudiosos imparciais já constataram, a tradução correta da afamada sentença da Segunda Epístola a Timóteo mencionada acima é: "Cada Escritura *que é inspirada por Deus* é útil para ensinar, para argumentar, para corrigir..." Uma simples reordenação, que faz toda a diferença entre o falso e o verdadeiro. Isso, sem falar que o termo "inspirada" que aparece na frase não tem nada a ver com inspiração propriamente dita, significando apenas "Escritura revestida de autoridade", conforme explica o especialista B.B. Warfield. O Dr. Warfield é insuspeito para dar essa opinião, pois foi um dos mais ardorosos defensores da inspiração inerrante da Bíblia.

Mas voltemos, depois dessa digressão, ao nosso livro de Baruc. O assim chamado Apocalipse de Baruc é um texto apócrifo que faz menção explícita ao Juízo Final e ao Juiz. Baruc era um escriba de Jeremias, tendo sido nominalmente citado por este várias vezes em seu livro canônico, do qual foi o provável redator, o que demonstra o alto conceito que gozava junto ao grande profeta: "Jeremias recorreu a Baruc, filho de Neriá, que escreveu num rolo, conforme Jeremias ia ditando, todas as palavras que o Senhor lhe tinha dirigido" (Jr36:4). O trabalho de redação de Baruc é comprovado em muitas passagens desse livro, onde se fala de Jeremias na terceira pessoa.

O prestígio de Baruc naquele tempo era tal, que chegou a ser considerado por muitos como o verdadeiro fornecedor dos oráculos de Jeremias. Baruc era um *sofer*, uma espécie de secretário de estado, quase um chanceler. O livro profético que leva seu nome também era lido para o rei Jeconias e todos os hebreus cativos da Babilônia.* Segundo Julio Trebolle, autor de A Bíblia Judaica e a Bíblia Cristã, a diáspora

---

* O leitor encontrará uma imagem única da vida na Babilônia no livro A Desconhecida Babilônia, de Roselis von Sass, publicado pela Editora Ordem do Graal na Terra.

judaica utilizava o livro de Baruc para leitura na Festa dos Tabernáculos. Todavia, nenhuma dessas credenciais impressionantes bastaram para que seu Apocalipse fosse considerado canônico. Vamos então retirar Baruc deste injusto ostracismo e analisar alguns trechos do seu livro tão especial, onde há igualmente menções muito nítidas sobre a atuação do Filho do Homem e a época do Juízo Final:

> "Mas preparai os vossos corações e semeai neles os frutos da lei, para estardes protegidos no tempo em que o Todo-Poderoso haverá de abalar toda a Criação." (XXXIII)

Poucos seres humanos terão ciência de que estarão vivendo no tempo do Juízo Final. O descalabro é total nessa época. Os maus pensamentos e más intenções serão "queimados pelo fogo". O Julgador não hesita:

> "Eis que é chegado o momento da tribulação. Ela virá e o seu ímpeto será avassalador; ela propagará o desespero em meio a constantes ataques de ira. Naqueles dias, todos os habitantes da Terra revoltar-se-ão uns contra os outros, pois não saberão que é chegada a hora do meu Julgamento. Naqueles dias será pequeno o número dos sábios, e poucas serão as

pessoas conscientes do que se passará. (...) As paixões acometerão os pacíficos e muitos serão arrebatados pela cólera e ferirão muitos. Exércitos incitar-se-ão ao derramamento de sangue, e finalmente todos conjuntamente perecerão. A mudança dos tempos será, naqueles dias, clara e patente para todos, porque nos dias passados encheram-se de contaminação, praticaram a fraude, seguindo cada um os seus caminhos, relegando ao esquecimento a lei do Todo-Poderoso. Por isso, as chamas devorarão os seus intentos; os seus pensamentos secretos serão provados pelo fogo. O Julgador virá, e ele não hesitará." (XCVIII)

A ação da lei da reciprocidade é particularmente realçada na quadra abaixo. Todas as exterioridades em que o ser humano se apoia se transformarão em nada no Julgamento.

"O Altíssimo apressará os seus tempos; os seus tempos estão próximos. Com certeza Ele julgará os habitantes do seu mundo, e a todos provará em Verdade, segundo as obras de cada um, mesmo as mais secretas. (...) O fim dos mundos desvelará o grande poder Daquele que os governa, pois tudo será levado a julgamento. (...) O que hoje é saúde converter-se-á em doença, o que agora é vigoroso, será frágil. O que agora é força, será fraqueza. E todo o vigor da juventude se transformará em debilidade senil e em morte. E toda a admirável beleza de hoje será flacidez e feiura. O poder arrogante tornar-se-á humilhação e vergonha. Toda a celebridade orgulhosa de hoje converter-se-á em opróbrio e olvido. Toda a vanglória e toda a pompa de hoje serão ruína e mudez. O que agora é gosto e delícia será roedura de traças, e nada mais. Toda a ruidosa gabolice de hoje converter-se-á em poeira e silêncio." (CXXXIII)

Na sequência, Baruc avisa que há um tempo limite para a conversão:

"A juventude do mundo já passou, a plenitude das energias da Criação há muito chegou ao fim; a vinda dos tempos últimos está quase presente, e quase já passou. Pois o cântaro está próximo da fonte, o navio próximo do porto, a caravana próxima da cidade, a vida próxima do fim. Preparai-vos, para que possais estar tranquilos quando fordes embarcados no navio, para não serdes sentenciados depois de partir! Porque quando o Altíssimo tudo isso tornar realidade, não haverá nova oportunidade de arrependimento, nem um novo fim dos tempos, nem duração das horas, nem mudanças de caminho, nem ocasião para orações ou para súplicas, nem busca do entendimento, nem doação por amor, nem mais ocasião de compunção da alma, nem a intercessão pelos pecados, nem a interpelação dos patriarcas, nem as lamentações dos profetas, nem o auxílio dos justos." (CXXXV)

O tempo depois da depuração do Juízo é narrado com riqueza de detalhes nesta quadra. É a época áurea do Reino do Milênio:

"Depois que no mundo ele tiver tudo submetido a si, e em paz duradoura se assentar sobre o seu trono real, instalar-se-á o bem-estar e sobrevirá a paz. Então, como o orvalho, descerá a saúde e as doenças se afastarão. E na vida dos homens desaparecerão as preocupações, os suspiros e as tribulações; a alegria se estenderá sobre toda a Terra. Ninguém morrerá antes do seu tempo e nenhuma adversidade ocorrerá repentinamente. Litígios, queixas, desavenças, atos de vingança, derramamentos de sangue, cobiça, inveja, ódio e coisas semelhantes, dignas de condenação, tudo será extirpado por completo. Pois foram essas coisas que encheram

o mundo de maldades, e por causa delas é
que sobreveio toda a desordem na vida dos
homens." (CXXIII)

Vamos tratar agora de um outro texto apócrifo cuja autoria é atribuída ao profeta Isaías. Isaías dispensa apresentações. É o maior dos grandes profetas do Antigo Testamento e seu livro principal, escrito em meados do século VIII a.C., é conhecidíssimo. Contudo, a obra conhecida como Livro da Ascensão de Isaías, que traz o seu nome no título, foi recusada. Isso apesar (ou em virtude) de fazer alusões muito claras ao Filho do Homem, chamado num dos trechos de Bem-Amado:

"Pois nos últimos tempos o Senhor descerá ao
mundo e será chamado o Cristo, quando descer e vir a vossa forma; e se fará carne e será um
homem. (...) E então a voz do Bem-Amado
rejeitará com violência este céu e esta Terra; as
montanhas e as colinas, as árvores e os desertos,
e o setentrião e o anjo do Sol, e a Lua e todos os
objetos deste mundo, testemunhas do poder e
da manifestação de Belial. E todos os homens
ressuscitarão e serão julgados nestes dias. E o
Bem-Amado fará sair um fogo devorador que
consumirá todos os maus, e estes serão como se
nunca tivessem sido." (IX.13;IV.18)

O termo "Cristo" é a tradução grega para "Ungido", e já vimos que o Filho do Homem é um dos "dois Ungidos" mencionados pelo profeta Zacarias em sua visão (cf. Zc4:14). O termo "ressuscitar" significa aqui "despertar". Os seres humanos que dormem espiritualmente acordarão realmente no Juízo, aqui na Terra ou no Além, pois "não há trevas nem sombras espessas onde possam esconder-se os malfeitores" (Jó34:22). Serão assim forçados a reconhecer a culpa com que se sobrecarregaram, antes de serem aniquilados para sempre.

Mais um trecho do livro:

> "E dará a paz e o descanso àqueles que encontrar com vida na Terra, aos zelosos servidores de Deus, e o Sol se tingirá de vermelho." (IV.14)

Aqueles que o Filho do Homem encontrar com vida na Terra são os que naquela época estariam vivos espiritualmente. Somente estes contam, pois Deus "não é Deus de mortos, e sim de vivos" (Mt22:32).

O Filho do Homem é "o Filho a quem o Pai confiou todo o julgamento" (Jo5:22), que "julga os mortos, para dar galardão aos seus servos" (Ap11:18). Os seus servos são os *espiritualmente vivos,* que recebem o galardão da vida eterna. Já os *espiritualmente mortos* são os "mortos, grandes e pequenos, que foram postos diante do trono para serem julgados, um por um, segundo as suas obras" (Ap20:12). A época do Filho do Homem é o tempo em que os vivos andarão entre os mortos, o tempo presente. Vivos espiritualmente e mortos espiritualmente, pois outros não há. São estes os mortos que irão acordar no Juízo. A estes se refere a indicação de que ele virá para julgar os vivos e os mortos: "Mas eles terão de prestar contas àquele que está pronto para julgar os vivos e os mortos" (1Pe4:5).

Em breve a ceifa do Filho do Homem estará consumada e assim, finalmente, "os justos herdarão a Terra" (Sl37:29). E então, tal como os animais sapientes junto ao trono do Todo-Poderoso, todos eles saberão que *Santo é unicamente Deus:* "Santo, Santo, Santo é o Senhor Deus, o Todo-Poderoso, Aquele que era, que é e que há de vir" (Ap4:8).

CAPÍTULO 4

JUÍZO FINAL, FILHO DE DEUS E FILHO DO HOMEM

Muitas antigas profecias falam de um emissário de Deus que viria *após* Jesus Cristo. Nos Evangelhos, Jesus denomina este Emissário de "Filho do Homem". Os evangelistas, porém, que escreveram sobre as palavras de Jesus muito tempo depois de sua morte, supuseram que ele aludia a si mesmo com suas referências ao Filho do Homem, e simplesmente reproduziram essa expressão em certas passagens da sua vida. Isso foi um erro, pois Jesus sempre se referiu a si mesmo unicamente como *Filho de Deus,* e com a designação *Filho do Homem* indicava um outro emissário. A expressão hebraica que traduz Filho do Homem: *ben 'adhám,* significa em essência "Filho da humanidade", ou seja, o Filho do Altíssimo *para* a humanidade.

Nas epístolas do apóstolo Paulo, escritas muito antes do primeiro Evangelho (várias décadas), situadas portanto muito mais próximas da época de Jesus e menos sujeitas a falhas, não há nenhuma menção a Jesus como Filho do Homem, mas tão-somente como Filho de Deus (cf. Rm1:4; 2Co1:19; Gl2:20; Ef4:13).

Essa confusão foi, portanto, repassada à posteridade pelos evangelistas, e pode ser facilmente reconhecida na comparação de algumas passagens dos Evangelhos. Numa delas, no Evangelho de Lucas, Jesus teria dito que os discípulos "haveriam de comer e beber à minha mesa, no meu reino" (mesa e reino de Jesus), quando então se "sentariam em tronos" (cf. Lc22:29,30). A correspondente passagem no Evangelho de Mateus, porém, fala que isso acontecerá quando "o Filho do Homem se sentar no trono de sua glória" (cf. Mt19:28). Numa outra situação, ocorre o inverso: É Mateus quem reproduz uma sentença de Jesus e Lucas a liga com o Filho do Homem. As frases são as seguintes:

> "Felizes sois vós, quando vos injuriarem e perseguirem e, mentindo, disserem todo mal contra vós *por causa de mim*." (Mt5:11)

> "Felizes sereis quando os homens vos odiarem, expulsarem, insultarem e amaldiçoarem o vosso nome *por causa do Filho do Homem*." (Lc6:22)

Não é por acaso que Jesus sempre aludia ao Filho do Homem na terceira pessoa. Bem diferente da sua defesa, na primeira pessoa, em relação à acusação de blasfêmia, quando disse textualmente diante dos judeus: "Afirmei que sou o Filho de Deus" (Jo10:36).

Em nenhuma situação um interlocutor de Jesus se dirige a ele como "Filho do Homem", e os próprios evangelistas também jamais o denominam assim. A expressão sempre parte de Jesus, e sempre na terceira pessoa.

Mesmo no Antigo Testamento há indícios bastante claros sobre a existência dos dois Filhos do Altíssimo, segundo o tipo de profecia que anunciava a vinda à Terra de cada um deles. Por exemplo: a anunciação sobre "aquele que vem" – existente em Sl118:26 – refere-se indubitavelmente a Jesus, já que ele próprio citou esse salmo na sua explicação aos discípulos sobre a parábola dos trabalhadores na vinha, com a menção à "pedra angular rejeitada pelos construtores" (cf. Sl118:22; Mt21:42), que era ele próprio. João Batista disse que não seria digno sequer de desatar o cadarço das sandálias "daquele que vem" (cf. Jo1:27). Os discípulos do Batista também perguntaram a Jesus se ele era de fato o esperado "aquele que vem": "És tu *aquele que vem* ou devemos esperar um outro?" (Mt11:3; Lc7:19), enquanto que Marta expressou textualmente sua convicção a respeito: "Sim, senhor, respondeu ela, eu creio que tu és o Cristo, o Filho de Deus, *aquele que vem* ao mundo" (Jo11:27). Jesus também aludia a si mesmo quando pronunciou aquela conhecida passagem da profecia de Isaías diante do povo de Betsaida, no pequeno templo desse povoado: "Ele não quebrará a cana rachada, nem apagará o pavio que ainda arde fracamente. Em verdade ele ensinará e implantará o que é certo." (Is42:3).

Por outro lado, a profecia sobre o Filho do Homem existente no livro de Daniel é, nas palavras transmitidas pelo anjo Gabriel, uma "visão relacionada ao tempo do fim" (Dn8:17), referindo-se, por conseguinte, a um segundo enviado que viria após Jesus Cristo (cf. Dn7:13,14). Naquela visão, o Filho do Homem diz a Daniel que anunciaria a ele "o que está escrito no Livro da Verdade" (Dn10:21). Essa declaração mostra existir uma estreita correlação entre o Filho do Homem e esse anunciado Livro da Verdade. Este livro é o mesmo que o profeta Isaías, que escreveu bastante sobre o tempo do fim, chama de o "livro selado" (Is29:11).

Mesmo os livros apócrifos fazem uma diferenciação entre os dois Filhos do Altíssimo, como já pudemos constatar. É o caso também da Epístola de Barnabé, avaliada pelo famoso códice *Sinaiticus*.* Nela o termo

---

* Até o século III aproximadamente, os livros eram confeccionados em rolos; a partir do século IV passaram a ser montados em *códices,* em número cada vez maior. Esses códices são os predecessores do livro moderno, constituídos de folhas de papiro (depois de pergaminho) dobradas e costuradas. Os mais importantes códices da Bíblia são o *Vaticanus* e o *Sinaiticus*. O códice *Vaticanus* tem esse nome porque é conservado na Biblioteca do Vaticano, enquanto que o códice *Sinaiticus* é chamado assim porque foi descoberto no mosteiro de Sta. Catarina, no Monte Sinai, no século XIX.

"Filho do Homem" aparece em claro contraste com a expressão "Filho de Deus" (cf. EpBr12:10), indicando de maneira inequívoca tratar-se de duas personalidades distintas.

Em todos os textos proféticos do Antigo Testamento sempre aparecem anunciações da vinda de um Juiz divino na consumação dos tempos, e nunca de uma segunda vinda do Messias e Salvador Jesus, com uma missão diferente da primeira.

Vamos nos aprofundar um pouco mais nesse assunto, porque a chamada segunda vinda de Jesus é um ponto que ao longo dos séculos se transformou numa fonte inesgotável de controvérsias acaloradas e esperanças fervorosas entre os cristãos. É perfeitamente compreensível o ardor com que muitos acalentam sua fé num retorno glorioso de Jesus, que viria purificar o mundo. É uma imagem bela, sem dúvida, porém não corresponde à realidade. A verdade, na verdade, é muito mais bela do que esse quadro quer indicar.

Nos Evangelhos, a expressão "vinda", supostamente relacionada à volta de Jesus, aparece unicamente no texto de Mateus:

> "No Monte das Oliveiras, achava-se Jesus assentado, quando se aproximaram dele os discípulos, em particular, e lhe pediram: Dize-nos quando sucederão essas coisas, e

que sinal haverá de tua *vinda* e da consumação do século." (Mt24:3)

No esclarecimento subsequente de Jesus, essa mesma palavra *vinda* aparece outras duas vezes, e depois não é mais citada no Evangelho:

"Porque assim como o relâmpago sai do oriente e se mostra até no ocidente, assim há de ser a *vinda* do Filho do Homem. (...) Pois assim como foi nos dias de Noé, também será a *vinda* do Filho do Homem." (Mt24:27,37)

Jesus explica aos discípulos como se dará a vinda do Filho do Homem por ocasião do Juízo: de maneira totalmente inesperada. Ele não está se referindo aí à vinda dele próprio, o Filho de Deus, como pensaram aqueles discípulos, mas sim à vinda do prometido Filho do Homem, a quem ele novamente se refere na terceira pessoa.

O termo "vinda" é uma tradução do original grego *parousia*, que tanto pode significar "presença", como "chegada", ou também "vinda". Existe um antigo texto grego, em papiro, no qual uma mulher fala da necessidade de sua *parousia* num determinado lugar, a fim de tratar de assuntos referentes à sua propriedade. Essa palavra também designava a visita oficial de um príncipe a uma região qualquer, porém nunca esteve associada a uma segunda e última aparição desta. Tanto é assim, que o apóstolo Paulo faz uso dessa expressão *parousia* em outras situações não relacionadas à pretendida segunda vinda de Cristo, como nesses casos: "Alegro-me com a *vinda* [parousia] de Estéfanas, e de Fortunato e de Acaico" (1Co16:17); "As cartas, com efeito, dizem, são grandes e fortes; mas a *presença* [parousia] pessoal dele é fraca, e a palavra desprezível" (2Co10:10). Os cristãos, porém, acabaram com o tempo adotando esse termo para corroborar a crença numa segunda vinda gloriosa de Jesus à Terra, em carne e osso, de modo que com o tempo a palavra parousia ou parusia passou a significar exatamente esse conceito, como se fora um sinônimo.

No Antigo Testamento não há nenhuma indicação, uma única profecia sequer sobre uma suposta segunda vinda terrenal do Messias. Segundo o biblista François Vouga, o termo *parousia* só aparece cinco vezes na Escritura veterotestamentária, e novamente apenas "em seu sentido clássico, político e profano, para designar a entrada jubilosa de um soberano ou de uma personalidade numa cidade ou em seu campo (cf.Ne2:6; Jt10:18; 2Mc8:12;15:21; 3Mc3:17)".

Apesar disso, no início do Cristianismo, era crença geral de que a parusia de Cristo estava iminente. Como essa esperança do retorno de Jesus não se concretizava, logo surgiu um certo desânimo nas comunidades cristãs em formação e os fiéis daquela época foram obrigados a postergar o evento tão ansiosamente aguardado. O biblista Rinaldo Fabris explica o que aconteceu: "Essa expectativa frustrava-se: o mundo e a história humana continuavam como dantes. Então, os cristãos da segunda geração tiveram de retificar sua interpretação da história do mundo e deslocar a um fim remoto a vinda de Jesus, para deixar espaço à história presente." Podemos constatar esse fato já na segunda Epístola de Pedro, com sua alusão aos escarnecedores dos últimos dias: "O seu tema será: Em que ficou a promessa da sua vinda? De fato, desde que os pais morreram, tudo continua como desde o princípio da Criação" (2Pe3:4).

A expectativa dos primeiros cristãos numa segunda vinda iminente de Jesus também explica, em parte, o motivo de os escritos sobre sua passagem pela Terra terem levado tanto tempo para começarem a ser redigidos. Como todos achavam que Jesus voltaria em breve, não se via necessidade de consignar seus ensinamentos por escrito. Os autores desses textos só deram início ao trabalho quando se tornou patente que Jesus não voltaria assim tão rápido.

Nos tempos atuais, a crença numa segunda vinda terrena de Cristo e a implantação do Reino do Milênio, que estaria ou não ligada a esse acontecimento em particular, deu origem a três facções básicas: a dos pré-milenistas, dos pós-milenistas e dos amilenistas. Os primeiros acreditam que os mil anos mencionados em Ap20:1-7 ocorrerão após a segunda vinda pessoal de Cristo. Os segundos creem que o Milênio – entendido por eles de maneira não literal – será um período de triunfo do Cristianismo na Terra, onde Cristo governará sem estar fisicamente presente. Essa concepção ficou fortemente abalada no século XX devido às múltiplas tragédias humanas, particularmente as duas guerras mundiais, que deram a todos o recado claríssimo de que o mundo não estava de maneira alguma "sendo ganho para Cristo"... Alguns pós-milenistas acreditam que esses mil anos compreendem alegoricamente o espaço de tempo entre a primeira e a segunda vindas de Jesus. Por fim, os amilenistas advogam que não haverá absolutamente nenhum reino futuro de Cristo aqui na Terra, e que o reino do Milênio deve ser entendido em seu sentido metafórico. Também se ouve falar vez por outra de um certo "pan-milenismo", em que no fim "tudo vai dar certo"...

Os que creem numa segunda vinda pessoal de Cristo ainda se dividem nos pré-tribulacionistas, tribulacionistas e pós-tribulacionistas, respectivamente se esta deva ocorrer antes, durante ou após a assim chamada *grande tribulação* mencionada nos Evangelhos.

Contudo, nos próprios Evangelhos sinóticos não há, como visto, nenhuma menção explícita a uma segunda vinda de Jesus Cristo. Essa esperança está sedimentada com muito mais propriedade em algumas epístolas, particularmente nas duas cartas que Paulo escreveu aos Tessalonicenses, muito embora haja dúvidas sérias sobre a autoria paulina da segunda carta. De qualquer modo, supõem-se que essas duas epístolas constituam os textos mais antigos do Novo Testamento, tendo sido escritas numa época em que se acreditava que o retorno de Jesus era mesmo iminente. As passagens são as seguintes:

> "Pois quem é a nossa esperança, ou alegria, ou coroa em que exultamos, na presença de nosso Senhor Jesus em sua vinda? Não sois vós? (...) A fim de que sejam os vossos corações confirmados em santidade, isentos de culpa, na presença de nosso Deus e Pai, na vinda de nosso Senhor Jesus, com todos os seus santos. (...) O mesmo Deus da paz vos santifique em tudo; e o vosso espírito, alma e corpo sejam conservados íntegros e irrepreensíveis na vinda de nosso Senhor Jesus Cristo." (1Ts2:19;3:13;5:23)

> "Irmãos, no que diz respeito à vinda de nosso Senhor Jesus Cristo e à nossa reunião com ele, nós vos exortamos a que não vos demovais da

vossa mente com facilidade, nem vos perturbeis, quer por espírito, quer por palavra, quer por epístola, como se procedesse de nós, supondo tenha chegado o Dia do Senhor." (2Ts2:1,2)

Ao contrário de outras passagens do Novo Testamento, onde há menções indistintas à vinda do Senhor, Paulo fala aqui claramente sobre essa vinda de Jesus Cristo, e na segunda carta aos Tessalonicenses até os tranquiliza, dizendo que a época do Juízo realmente ainda não havia chegado. Para entender como se fundamenta essa certeza do apóstolo, vamos retomar algumas palavras de Jesus transcritas no Evangelho de João:

"Já pouco tempo vou ficar convosco, pois irei para Aquele que me enviou. (...) Saí do Pai e vim ao mundo; agora deixo o mundo e vou para o Pai. (...) Não vos deixarei órfãos, voltarei para vós outros. Ainda um pouco e o mundo não me verá mais; vós, porém, me vereis; porque eu vivo, vós também vivereis. (...) Um pouco, e não mais me vereis; outra vez um pouco, e ver-me-eis. Assim também agora vós tendes tristeza; mas outra vez vos verei; o vosso coração se alegrará, e a vossa alegria ninguém poderá tirar. (...) Eu vou, mas voltarei a vós. (...) Quando ele vier [o Espírito da Verdade]

convencerá o mundo do pecado, da justiça e do Juízo: do pecado porque não creem em mim; da justiça, porque eu vou para o Pai, e não me vereis mais. (...) O Espírito da Verdade, que o mundo não pode receber, porque não o vê, nem o conhece; vós o conheceis, porque ele habita convosco e estará em vós."
(Jo7:33;16:28;14:18,19;16:16,22;14:28;16:8-10;14:17)

Aparentemente Jesus faz declarações conflitantes aqui. Diz que os discípulos *não o veriam mais,* pois assim como ele tinha vindo do Pai e entrado no mundo, estava deixando o mundo e *voltando para o Pai.* Por outro lado, afirma que não os deixaria órfãos e que *voltaria passado um pouco,* que os *veria novamente* e os discípulos a ele, e para tanto alude à vinda do Espírito da Verdade, que eles conheciam porque habitava com eles. Como conciliar essas aparentes discrepâncias? O evangelista João informa que mesmo os discípulos não entenderam o que Jesus lhes queria dizer:

"Então alguns de seus discípulos disseram uns aos outros: Que vem a ser isto que nos diz: Um pouco e não mais me vereis, e outra vez um pouco e ver-me-eis; e: Vou para o Pai? Diziam, pois: Que vem a ser esse 'um pouco'? Não compreendemos o que quer dizer." (Jo16:17,18)

Quando Jesus assevera que os discípulos o veriam novamente, é porque estes o reconheceriam, ele, a Palavra de Deus encarnada, na própria Palavra do Filho do Homem, o Consolador que seria enviado por Deus em nome dele: "Mas o Consolador, o Espírito Santo, a quem o Pai enviará em meu nome..." (Jo14:26). Isso seria possível porque as duas Palavras, a do Filho de Deus e a do Filho do Homem, são na realidade uma só, visto que a Fonte da qual ambas provêm é a mesma. Essa Fonte da Palavra é a Verdade, conforme asseverou Jesus ao dirigir-se ao Pai: "A Tua Palavra é a Verdade" (Jo17:17).

Assim, os discípulos nunca mais veriam Jesus pessoalmente, pois este estava prestes a se reunificar ao Pai; no entanto, tornariam a *vê-lo* no futuro, a reconhecê-lo nitidamente na Palavra da Verdade do vindouro Filho do Homem, o Espírito da Verdade, que segundo o próprio Jesus os faria "lembrar de tudo o que vos tenho dito" (Jo14:26).

> "Em verdade vos digo que não mais me vereis até que venhais a dizer: Bendito o que vem em nome do Senhor." (Lc13:35)

Quando no futuro, numa outra vida terrena, aquelas pessoas reconhecessem o segundo enviado e sua Palavra, passando a clamar intimamente em suas almas: *"Bendito o que vem em nome do Senhor"*, tal como já haviam feito em relação a Jesus (cf. Mt21:9; Mc11:9; Jo12:13), estariam então visualizando novamente Jesus, a Palavra de Deus encarnada, na Palavra de Imanuel – o Filho do Homem, o qual igualmente... "é chamado pelo nome de Palavra de Deus" (Ap19:13). O próprio Jesus, pessoalmente, estaria junto de seu Pai nessa época: "Naquele dia vós sabereis que eu estou em meu Pai" (Jo14:20).

As expressões "Santo" e "Bendito", para designar a atuação pessoal da vontade de Deus, era muito conhecida no antigo Israel, e por isso bastante claras para os ouvintes da época de Jesus. As sentenças seguintes, extraídas da antiga exegese judaica conhecida como Midrash ou Midraxe, atestam o fato: "O Eterno nos fez sair do Egito, não por um anjo, nem por um serafim, nem por um mensageiro; mas foi o Santo, Bendito seja, em sua glória, pessoalmente."; "O Santo, Bendito seja ele, devolve na mesma medida."

As sentenças de Jesus atestam que seus ouvintes saberiam, no futuro, que a Palavra dele, do Messias, fora gravada em suas almas numa vida passada, em cumprimento da promessa do Senhor ao profeta Jeremias: "Imprimirei a Minha Lei no seu íntimo e gravá-la-ei no seu coração" (Jr31:33). Saberiam que a lei do Senhor fora cunhada neles permanentemente, porque haviam assimilado realmente, no íntimo, a Palavra da Verdade trazida por Cristo, reconhecendo nele seu legítimo Portador: "Nele, também vós ouvistes a Palavra da Verdade" (Ef1:13). Saberiam finalmente que, se não fora assim, não teriam podido reconhecer o Filho do Homem prometido, igualmente Portador da mesma Palavra da Verdade. Com esse reconhecimento, aquelas pessoas reencarnadas futuramente na Terra estariam ao mesmo tempo, tal como o Filho do Homem, dando um testemunho da missão de Jesus, conforme ele próprio lhes prometera:

> "O Espírito da Verdade, que vem do Pai, ele dará testemunho de mim. E vós também dareis testemunho, porque estais comigo desde o princípio." (Jo15:26,27)

Jesus iria se reunificar ao Pai e ninguém mais poderia encontrá-lo. Isso é um fato lógico, pois "ninguém jamais viu a Deus" (Jo1:18), visto que o Senhor dos Mundos "habita numa Luz inacessível, que nenhum homem viu nem pode ver" (1Tm6:16). É impossível a qualquer criatura contemplar o Todo-Poderoso, posto que "ninguém poderia vê-Lo e permanecer vivo" (cf. Ex33:20). Tão-somente aquele que provém do próprio Deus já O viu: "Ninguém viu o Pai, a não ser aquele que vem de Deus; este sim, viu o Pai" (Jo6:46). Ver o Pai, por conseguinte, só é possível a dois: ao Filho de Deus e ao Filho do Homem, visto que somente ambos se originaram Dele mesmo. Sobre isso, Jesus afirmou: "Eu O conheço, porque venho Dele e foi Ele que me enviou" (Jo7:29). Em relação ao Filho do Homem, Daniel diz que ele "foi levado à Sua presença" (cf. Dn7:13), indicando que também teve acesso direto ao Todo-Poderoso.

O ser humano, por seu turno, jamais poderá ver o Onipotente, tendo de se contentar para sempre em saber que *Deus é!*: *"Ele é* antes da eternidade até a eternidade" (Eclo42:21), conforme Moisés também já aprendera ao querer saber mais sobre o Todo-Poderoso: "Disse Deus a Moisés: Eu sou *Aquele que é*" (Ex3:14). O sempiterno Criador é o Único que traz a Vida em si, *Aquele que é* "desde toda eternidade, antes que se formassem as montanhas, a Terra e o Universo" (Sl90:2). O Livro da Sabedoria afirma que quem não tiver o conhecimento de Deus, não será capaz de "conhecer *Aquele que é*" (Sb13:1). No Judaísmo da época helenística, o tetragrama inefável YHWH, que deu origem ao nome Yahweh, também já fora interpretado como sendo *"Aquele que é"*, porque o nome se origina do hebraico *hawah*, que significa "ser". Jesus, o Filho de Deus, utiliza a expressão para si mesmo como confirmação de sua origem divina: "Eu sou" (Jo8:58), e identicamente o faz o Filho do Homem.

O período do Juízo Final encontra-se em plena efetivação em nossa época, correspondendo à temida "grande tribulação" (Ap7:14), aos aguardados "dias de punição" (Lc21:22). Por isso, os fiéis que esperam com mal disfarçado orgulho o dia em que Jesus voltará em seu "corpo físico ressurreto" para buscá-los, fariam melhor em se libertar dessa ideia imaginosa, que como tantas outras assemelhadas é tão-só resultado de tentativas de assimilar acontecimentos espirituais com o limitado raciocínio atado à Terra. Fariam melhor também em procurar viver segundo os ensinamentos de Cristo, a quem não conhecem, ao invés de contemplarem os céus com candentes expectativas, aguardando ansiosos o tempo em que serão arrebatados *terrenalmente* "entre nuvens, para um encontro com o Senhor nos ares" (1Ts4:17).

Cito aqui, especialmente, um trecho da dissertação *Fenômeno Universal*, da obra Na Luz da Verdade, de Abdruschin:

> *"Seguindo as pegadas do Filho de Deus, isto é, tomando e prosseguindo sua missão, o Filho do Homem, como enviado de Deus-Pai, irá ao encontro da humanidade, a fim de arrancá-la de volta, pela anunciação da Verdade, do trajeto de até então e, de voluntária decisão, levá-la a uma outra sintonização, que desvie dos focos de destruição que agora a aguardam."*

Jesus, portanto, nunca aludiu a si mesmo com a expressão Filho do Homem, ao contrário, sempre utilizou a expressão Filho de Deus para designar a si próprio e sua missão. Nos Evangelhos, Jesus é chamado de Filho de Deus trinta e duas vezes, e por várias personalidades: Marcos, João, João Batista, Pedro, Marta, Natanael e os discípulos como um todo. No Evangelho de João, conforme já dito, Jesus declara expressamente em relação a si próprio: "Sou o Filho de Deus" (Jo10:36), uma afirmação que ele jamais repetiu utilizando a expressão Filho do Homem. Jesus é testemunhado como Filho de Deus pelo próprio Pai (Mc1:11;9:7; Mt3:17), é chamado assim pelo centurião junto à cruz (Mc15:39), pelo anjo Gabriel (Lc1:32,35), pelo tentador Lúcifer (Mt4:3) e até pelos "endemoninhados" (Mc3:11;5:7). Só os líderes religiosos da época não o reconheceram como tal. É de se perguntar quem eram os verdadeiros endemoninhados ali...

No Evangelho de Marcos o título "Filho de Deus" constitui o programa de todo o livro (cf. Mc1:1), sendo confirmado pelo próprio Jesus diante do sumo sacerdote: "O sumo sacerdote perguntou de novo: 'És tu o Cristo, o Filho de Deus bendito'? Jesus respondeu: Eu o sou" (Mc14:61,62). João, no seu Evangelho, explica ter escrito sinais "para que creiais que Jesus é o Messias, o Filho de Deus" (Jo20:31). E, por fim, temos a confissão tão incisiva de Pedro: "Tu és o Messias, o Filho do Deus vivo" (Mt16:16).

Em contrapartida, numa ocasião em que Jesus falava em Jerusalém sobre o vindouro Filho do Homem, a multidão chegou a lhe perguntar diretamente: "Quem é esse Filho do Homem?" (Jo12:34). E noutra oportunidade, durante uma conversa com Nicodemos, Jesus disse:

> "Ora, ninguém subiu ao céu, senão aquele que de lá desceu, a saber, o Filho do Homem que está no céu." (Jo3:13)

Dessa passagem se deduz que o Filho do Homem já havia certa feita descido do céu, e para lá retornado. Como, então, Jesus poderia estar aí se referindo a si mesmo naquele instante, se afirma que o Filho do Homem *está no céu?* Se o Filho do Homem *estava no céu* naquele momento, não poderia naturalmente tratar-se de Jesus, que estava ali, em Jerusalém, falando diretamente com Nicodemos. E Jesus ainda confirmou posteriormente essa mesma situação, durante o interrogatório no Sinédrio: "Desde agora está sentado o Filho do Homem à direita do Todo-Poderoso Deus" (Lc22:69).

Esse trecho da conversa de Jesus com Nicodemos é tão desconfortável para a teologia tradicional, que andou sumindo de vários manuscritos... De uma maneira geral, as várias versões das atuais Bíblias ignoram olimpicamente o problema, como se não lhes dissessem respeito, ou então apresentam esse trecho entre colchetes, com a explicação seca de que "não consta de vários manuscritos". Mas, com o mesmo direito, se poderia argumentar que o aludido trecho consta, sim, de várias versões e manuscritos não alexandrinos*, bem como de textos antiquíssimos dos primeiros Pais da Igreja. Segundo o pesquisador Julio Trebolle, os textos alexandrinos – onde não consta a passagem sobre o Filho do Homem estar no céu – não gozam hoje do caráter normativo de outrora, motivo pelo qual "a forma anterior e original do texto deve estabelecer-se através da análise pormenorizada de cada variante". Como forma anterior se entende os manuscritos definidos como do tipo ocidental, que é a forma mais antiga conhecida do texto do Novo Testamento. Por isso, muitos críticos consideram as demais formas apenas como reelaborações desse texto ocidental, que se supõe seja do século II.

Na Bíblia – Nova Versão Internacional, a passagem incômoda foi amputada e ajeitada da seguinte maneira: "Ninguém jamais subiu ao céu, a não ser aquele que veio do céu: o Filho do Homem." Muito engenhoso... Outras Bíblias modernas também

---

* Há quatro "famílias" de manuscritos do Novo Testamento, assim designadas segundo a época em que surgiram e o tipo de variantes encontradas: o texto alexandrino, o ocidental, o cesariense e o bizantino.

apresentam soluções criativas para o enigma. Mas os exegetas que de algum modo tentam esclarecer satisfatoriamente o assunto, baseados na pressuposição de que Jesus seria o Filho do Homem, acabam deixando a emenda algo pior que o soneto. É o caso, por exemplo, dessa nota de rodapé da Bíblia de Estudo de Genebra: "Poderia ser dito que Cristo, em sua natureza divina, continuava a habitar no céu, mesmo durante a sua vida na Terra." Realmente, é forçar demais a interpretação, torcendo o sentido original.

As Bíblias baseadas nos manuscritos alexandrinos incorporam um outro grave erro, constante no Evangelho de João. O texto correto, que aparece nas Bíblias não-alexandrinas é:

> "Jesus ouviu que o tinham expulsado e, encontrando-o, disse-lhe: Crês tu no Filho de Deus?" (Jo9:35)

Nesse trecho, o termo "Filho de Deus" é substituído por "Filho do Homem" nas Bíblias alexandrinas, ajudando a conservar o erro de que Jesus seria o Filho do Homem.

Tão tendenciosos como os manuscritos que omitem a mencionada passagem sobre o Filho do Homem estar no céu e que substituem "Filho de Deus" por "Filho do Homem", são os que trazem a expressão "Senhor Jesus" em lugar do simples "Senhor" original, quando aludindo ao Filho do Homem, tal como ocorre nesse trecho da segunda Epístola aos Tessalonicenses: "Então aparecerá o ímpio, aquele que o Senhor *['Jesus']* destruirá com o sopro de sua boca, e o suprimirá pela manifestação de sua vinda" (2Ts2:8). Não causa surpresa saber que o nome Jesus não existia originalmente nessa sentença, porque esse processo de atuação no Juízo está em ligação com o Filho do Homem, através de sua Palavra julgadora (o sopro de sua boca), e Jesus não é o Filho do Homem. Mas nesse caso, felizmente, são vários os manuscritos que trazem corretamente apenas a palavra "Senhor", de modo que um pesquisador mais atento não será iludido.

Conforme dito, outra passagem bastante aflitiva para os que insistem em considerar Jesus como sendo o Filho do Homem é a sua declaração diante do Sinédrio:

"Desde agora está sentado o Filho do Homem à direita do Todo-Poderoso Deus." (Lc22:69)

Desde agora... Portanto, enquanto ele, Jesus, estava ali falando com os membros do Sinédrio, o Filho do Homem se encontrava à direita do Todo-Poderoso. Não podia, por conseguinte, tratar-se do próprio

Jesus, que falava com eles naquele momento. Outro problema do mesmo tipo aparece nessa frase de Jesus dirigida aos doze:

> "Em verdade vos digo que não acabareis de percorrer as cidades de Israel até que venha o Filho do Homem." (Mt10:23)

E então, como ficamos?... A melhor das explicações para o enigma é que a expressão *"até que venha o Filho do Homem"* nada mais é do que um modo de dizer: *"antes de nos reunirmos"*. Quem quiser acreditar, esteja à vontade. A seguir, outra dissonância temporal:

> "Todo aquele que me confessar diante dos homens, também o Filho do Homem o confessará diante dos anjos de Deus." (Lc12:8)

Jesus está dizendo aqui que quem se declarasse por ele, o Filho de Deus, diante de outrem, *também* o Filho do Homem, ou seja, *também* o segundo enviado de Deus se declararia futuramente por aquela mesma pessoa diante dos anjos. Em sentido inverso, a promessa se repete:

> "Aquele que, nessa geração adúltera e pecadora, se envergonhar de mim e de minhas

palavras, também o Filho do Homem se envergonhará dele quando vier na glória do seu Pai com os santos anjos." (Mc8:38)

Se alguém ali, na época de Jesus, naquela "geração adúltera" (expressão figurada para designar geração idólatra) se envergonhasse das palavras do Filho de Deus, então *também* o Filho do Homem – uma outra personalidade – se envergonharia dele no futuro. Aquela mesma criatura má seria então rejeitada pelo Filho do Homem, através de sua Palavra. Seria repelida por essa Palavra, não lhe permitindo encontrar nada nela, caso ela mesma não mudasse em tempo sua sintonia íntima.

Essas assertivas de Jesus sobre a atuação futura do Filho do Homem, sempre indicado por ele na terceira pessoa, são, pois, bastante nítidas e categóricas. Bem ao contrário das citações genéricas a ele atribuídas como Filho do Homem, que só surgiram da interpretação errônea de seus discípulos.

Confrontando esses dois tipos de menções qualitativamente tão díspares entre si, um conceituado teólogo dogmático saiu-se com essa: "Jesus talvez não tenha querido identificar-se desde o começo de maneira explícita com o Filho do Homem, mas só *de maneira enigmática e obscura.*" Ah, sim? Então Jesus quis ser enigmático e obscuro para com seus ouvintes e toda a posteridade? Ele, que instou seus discípulos a serem "simples como as pombas" (Mt10:16), e que se esforçava ao máximo em tornar compreensíveis seus ensinamentos por meio das singelas parábolas?...

A respeito da confusão ainda hoje reinante sobre as denominações Filho de Deus e Filho do Homem, diz Abdruschin em sua obra Na Luz da Verdade, dissertação *Fenômeno Universal*:

> *"Errada é cada tradição que afirma haver Jesus, o Filho de Deus, se designado como sendo simultaneamente também o Filho do Homem. Tal falta de lógica não se encontra nas leis divinas, nem pode ser atribuída ao Filho de Deus, como conhecedor e portador dessas leis.*
>
> *Os **discípulos** não tinham conhecimento disso, conforme se depreende de suas próprias perguntas. É só deles que surgiu o erro, que até hoje tem perdurado. Supunham que o Filho de Deus se designava a si mesmo com a expressão Filho do Homem, e nessa suposição propagaram o erro também à posteridade, a qual, da mesma forma que os discípulos, não se ocupou mais seriamente com a falta de lógica aí inerente, mas simplesmente passou por cima disso, em parte por temor, em parte por comodidade, apesar de que na retificação o amor universal do Criador ainda sobressai mais nítido e mais poderoso."*

Precisamos lembrar que Jesus não deixou nada escrito, e que os discípulos tampouco andavam de papel e lápis na mão para anotar o que ele dizia e fazia. Aliás, o próprio Jesus não deu nenhuma orientação a seus discípulos para que escrevessem alguma coisa. Por isso, o texto dos Evangelhos e outros que fazem menção às suas palavras devem ser encarados como aquilo que realmente são: *tentativas de reprodução de passagens da vida de Jesus e frases suas*. Os ensinamentos de Jesus e posteriormente de seus discípulos eram dirigidos aos corações humanos, e lá ficavam gravados desde que acolhidos com pureza e sinceridade. Quem efetivamente guardou os ensinamentos de Cristo em seu coração, ou seja, em seu âmago mais profundo – sua alma – este passou a viver em conformidade com a vontade do Pai, ou, o que vem a dar no mesmo, de acordo com as leis da Criação. Uma tal pessoa, hoje reencarnada, estará apta a transpor o Juízo, independentemente de sua crença atual, desde que continue a viver segundo a doutrina de Cristo gravada outrora em sua alma.

As tentativas de reprodução das sentenças de Jesus não podem ser consideradas como as palavras exatas que ele proferiu, não apenas por terem surgido através da lente de opiniões e conceitos próprios de quem as escreveu, mas também por terem sido elaboradas vários anos após sua morte, baseadas apenas em recordações de memória. Como ele não deixou nada escrito, não existe nenhuma doutrina proveniente diretamente dele, que se poderia talvez dar o nome de "Jesuísmo", mas sim apenas um conjunto de tradições consignadas pelos adeptos de Cristo, a qual recebeu o nome de "Cristianismo". E da forma como o Cristianismo se apresenta *hoje,* podemos afirmar categoricamente que Jesus Cristo jamais seria cristão...

Qualquer um de nós certamente terá dificuldades em relatar com precisão o que fez de importante no mês passado ou mesmo há uma semana. Teremos de fazer um esforço especial só para lembrar do que almoçamos no dia de ontem. O que faz pensar que com os evangelistas teria sido diferente?... Por maior boa vontade que tivessem, por mais inspirados que fossem seus escritos, era-lhes impossível reproduzir com exatidão as palavras de Jesus e em muitos casos até mesmo o sentido delas, baseados, como aconteceu, apenas em lembranças e tradições orais. Isso, aliás, não é nenhum demérito, mas apenas uma contingência natural da dificuldade de se transmitir fielmente por escrito recordações verbais. Veja-se, por exemplo, as duas versões do Pai Nosso transcritas no Evangelhos de Mateus (Mt6:9-13) e no de Lucas (Lc11:2-4), tão distintas entre si. Jesus, obviamente, só pode ter dito essa oração numa única forma... É a mesma situação das palavras dele por ocasião da Ceia, onde nos deparamos com quatro relatos distintos (Mt26:26-29; Mc14:22-25; Lc22:19,20; 1Co11:23-26), e também as bem-aventuranças do sermão do monte, novamente muito diferentes nos Evangelhos de Mateus e de Lucas (Mt5:3-12; Lc6:20-23).

Essa dificuldade natural de reproduzir os fatos com exatidão, apenas com base em recordações, já era conhecida por quem se ocupava da escrita desde o século V a.C. pelo menos, conforme atesta o historiador grego Tucídides em sua Introdução à Guerra do Peloponeso: "Para os discursos proferidos por personagens individuais antes da guerra e durante a guerra, *era difícil para mim* – pelo que tinha ouvido pessoalmente e pelo que me referiam de diferentes lugares – *recordar com precisão absoluta o que tinha sido dito*. Eu, atendo-me o mais possível *ao sentido geral do que fora realmente dito,* escrevi os discursos como me parecia que cada um dos oradores teria mais ou menos expresso as coisas essenciais sobre as diversas situações." Essa constatação de Tucídides vale para a época dele, para a época de Jesus, para o tempo presente e para o tempo futuro. Não mudou nem vai mudar.

De mais a mais, o registro de lembranças e tradições orais acabam condensando inevitavelmente o desenrolar dos fatos. Alguns especialistas calculam que, à exceção dos quarenta dias e quarenta noites passados no deserto, tudo o que segundo os registros dos Evangelhos teria sido dito e feito por Jesus parece não ter ocupado mais do que três semanas...

Mencione-se ainda que quando procuramos passar para o papel algo que vimos ou ouvimos, misturamos inconscientemente nesse processo conceitos próprios. É inevitável. Se pedirmos para dez pessoas descreverem uma mesma paisagem teremos dez relatos diferentes, tanto na forma como no conteúdo. Uma delas dará mais ênfase à cor das flores, outra à altura das árvores, uma outra aos ruídos dos pássaros e insetos. Poderá haver também uma narrativa com várias páginas e outra com um só parágrafo. Como exemplo bíblico disso, temos a figura de Paulo que sobressai de suas epístolas e aquela descrita por Lucas em Atos dos Apóstolos. A impressão que se tem é de que se trata de duas pessoas diferentes...

A mistura inconsciente de opiniões e estilos próprios pode ser nitidamente observada em várias passagens bíblicas relacionadas à vida de Jesus na Terra. Esses relatos não podem, em vista disso, ser considerados absolutamente fidedignos e, além do mais, omitem aspectos importantes relacionados às palavras proferidas por Jesus. A esse respeito, o professor de teologia Rochus Zuurmond apresenta algumas questões instigantes: "Suponhamos que a tradição nos tivesse transmitido literalmente uma sentença de Jesus (o que é sempre duvidoso, mas suponhamos):

Qual teria sido, nesse caso, o contexto? Que expressão do rosto acompanhou a palavra? Que expressão do corpo todo? Que relação teve a sentença com experiências de Jesus não registradas em lugar algum? Que emoções profundas acompanharam a palavra? Que público era visado? Etcétera!"

Por fim, temos de considerar também as alterações involuntárias e mesmo intencionais nas palavras do Mestre transmitidas pela tradição oral, conforme alerta o professor Gerd Theissen: "A transmissão das palavras de Jesus no Cristianismo primitivo é um problema sociológico, sobretudo pelo fato de Jesus não haver fixado suas palavras literariamente. Uma tradição oral *depende dos interesse de seus transmissores e destinatários;* sua preservação está ligada a condicionamentos sociais bem específicos." O luterano Rudolf Bultmann já sustentava que para se recuperar o núcleo permanente da mensagem do Novo Testamento era preciso libertá-la da linguagem mitológica própria da cultura daquele tempo, como: anjos e demônios, nascimento virginal, ressurreição, etc. Ele considerava esses textos como lendas cultuais ampliadas.

Os relatos dos Evangelhos devem, portanto, ser examinados sempre sob uma ótica de cautela prévia, se quisermos de fato tirar proveito do que ali está escrito. Antes de mais nada, não se pode tomar ao pé da letra as frases reproduzidas, já que elas contêm um sentido eminentemente *espiritual,* como, aliás, quase toda a Bíblia.

Em várias profecias sobre o Juízo Final aparece, pois, uma figura estreitamente ligada a esse acontecimento e que não se confunde de maneira alguma com Jesus e sua missão. Essa personagem recebe diversas denominações nos textos proféticos, sendo geralmente designada como o enviado de Deus que traz o Juízo, chamado Filho do Homem, cuja missão é desencadear o Juízo Final estabelecido por Deus-Pai: "Ele estabeleceu um Dia para julgar o mundo com Justiça, pelo Homem a quem designou" (At17:31); "O Pai lhe deu autoridade para julgar, porque é o Filho do Homem" (Jo5:27); "Ele preparou seu trono para o Julgamento, e assim julgará o mundo com Justiça" (Sl9:8,9).

Essa incumbência de julgamento futuro não seria do Filho de Deus, que até afirmou categoricamente: "Eu não julgo ninguém" (Jo8:15). A missão de Jesus não era julgar, mas sim sustentar as almas mediante sua Palavra até o Juízo, para que elas pudessem ser salvas no tempo do Julgamento: "Deus não enviou o Seu Filho ao mundo para julgar o mundo, mas para que o mundo seja salvo por ele" (Jo3:17).

Outras profecias acrescentam que, além da missão de desencadear o Juízo Final, esse segundo enviado concederia auxílio e salvação aos que a buscassem com sinceridade. O significado disso é que, da mesma forma que Jesus, o Filho do Homem também traria uma Mensagem de Deus-Pai para a humanidade, para redenção dos que ainda pudessem ser salvos no Juízo. Quanto mais Jesus dava cumprimento à sua missão, tanto mais claramente via que, a despeito de seus esforços, a decisão da maioria da humanidade se inclinava para o falhar. A partir daí, então, transformou suas alusões ao Filho do Homem em comunicados diretos: "Mas quando vier o Filho do Homem, acaso achará fé sobre a Terra?" (Lc18:8).

As primeiras alusões de Cristo sobre a vinda do Filho do Homem estavam relacionadas ao Juízo. Para tanto, porém, não teria sido necessário que ele encarnasse na Terra. *Vindo pelas nuvens,* estando acima da Terra, poderia ter cumprido sua missão, conforme antevisto pelo profeta Daniel no século V a.C.: "Eu continuava contemplando, nas minhas visões noturnas, quando notei, *vindo sobre as nuvens do céu,* um como Filho do Homem" (Dn7:13). A vinda propriamente do Filho do Homem à Terra, para anunciar aqui a Verdade, foi comunicada por João em seu Evangelho (cf. Jo16:12-15).

As antigas profecias do Antigo Testamento e a anunciação de João se cumpriram em nossa época. O Filho do Homem, a encarnação da justiça de Deus desceu à Terra e trouxe novamente para cá a Palavra da Verdade. Sobre essa Palavra da Verdade, sedimentada na justiça, pode-se novamente dizer como o salmista: "O princípio da tua Palavra é a Verdade, tuas normas são Justiça para sempre" (Sl119:160). Essa Palavra trazida pelo Filho do Homem retifica todos os erros colocados por mãos humanas na Palavra de Jesus, abrindo assim à humanidade, mais uma vez, e pela última vez, a possibilidade de salvação.

A Palavra do Filho do Homem é una com a do Filho de Deus, Jesus. Nem poderia ser diferente, já que ambas provêm da mesma Fonte. A Palavra do Filho do Homem, porém, aparece numa forma ajustada à época atual, complementando a Palavra de Jesus e eliminando todas as inserções puramente humanas nela aderidas, assim como todas as falsas concepções e interpretações de até agora. A Palavra do Filho do Homem *corrige* os erros inseridos pela humanidade na outrora límpida Palavra do Filho de Deus. Com essa correção o ser humano tem novamente a possibilidade de conhecer o verdadeiro sentido da vontade de Deus e de se reorientar por ela, e com isso também o ensejo de salvar-se espiritualmente agora, na época do ajuste final de contas.

Tal como outrora a Palavra do Filho de Deus foi alimento para o espírito, a Palavra do Filho do Homem é agora também o pão da vida para os seres humanos da nossa época, o alimento que lhes permite nutrir seus espíritos e, por último, viver eternamente, conforme indicou Jesus nesta passagem:

"Trabalhai, não pela comida que perece, mas pela que subsiste para a vida eterna, a qual o Filho do Homem vos dará, porque Deus, o Pai, o confirmou com o Seu selo." (Jo 6:27)

Jesus diz que o Filho do Homem *dará* (futuro) aos seres humanos a comida que subsiste para a vida eterna, a Palavra da Verdade. Ele foi confirmado com o "selo" do Pai. Esse selo é o sinal vivo da Verdade divina, a Cruz isósceles irradiante, que pertence integralmente ao Filho do Homem como outrora pertencia ao Filho de Deus.

Uma leitura atenta dos textos bíblicos, desprovida de ideias preconcebidas, permite reconhecer a verdade sobre a identidade e a missão do Filho do Homem. Prova disso é essa opinião do teólogo luterano alemão Rudolf Bultmann: "Jesus somente falou do Filho do Homem escatológico [do grego *skhatos-logos* – tratado do fim], que virá na parusia sobre as nuvens do céu como Redentor escatológico. Não se identificou com ele, mas anunciou sua vinda. Foi a Igreja primitiva que fez aquela identificação e ampliou seu uso: depois da morte de Jesus e do fracasso da ideologia do Filho de Davi religioso-nacionalista, a Igreja primitiva identificou Jesus com o Filho do Homem escatológico, o Messias designado que aparecerá no futuro como Redentor. A própria Igreja pôs em seus lábios as sentenças sobre a morte e a ressurreição." De Bultmann também é essa complementação sobre a implantação do reino de Deus: "A chegada do reino de Deus é um acontecimento que será levado a cabo por Deus sozinho, sem a ajuda dos homens."

É extraordinário que Bultmann tenha chegado a conclusões tão acertadas apenas fazendo uso de pesquisas literárias, ao menos nesses aspectos. É de se supor que em seu aprofundamento ele tenha entrado em conexão com formas de pensamentos mais elevadas, que traziam consigo a verdade dos fatos. Realmente, para quem se aprofunda no sentido certo, a inspiração se assemelha a beber da água cristalina de uma fonte: "Os pensamentos são águas profundas no coração do homem; o homem entendido delas haurirá" (Pv20:5).

O biblista John Mckenzie, por sua vez, complementa a concepção de Bultmann ao afirmar que uma parte da Igreja primitiva relacionava (acertadamente!) a personagem Filho do Homem com a figura apocalíptico-escatológica encontrada nos livros de Daniel e Enoch. Infelizmente, esse saber claro acabou por se perder com o tempo.

Outro seguidor de Bultmann é Vielhauer, que também assevera que Jesus jamais usou o título de Filho do Homem para si mesmo, e sim para uma figura apocalíptica do futuro.

O pesquisador W. Bousset, por sua vez, chegou a uma conclusão parecida à de seus colegas. Segundo ele, a expectativa apocalíptica de um Filho do Homem, de um Juiz universal futuro, foi indevidamente transferida para Jesus: "A fé messiânica da comunidade primitiva não poderia assumir após a morte de Jesus outra forma senão a do ideal de um Messias transcendente. A esperança de que Jesus assumiria na Terra o papel de rei a partir da tribo da Davi fora destruída de uma vez por todas. Restou apenas a figura celestial, que foi vinculada ao nome do Filho do Homem."

Por fim, o professor Gerd Theissen é de opinião que o Filho do Homem é uma figura encarregada por Deus para julgar o mundo, que aparece em visões "como Filho do Homem", o que, segundo ele, torna historicamente irrealista a concepção de esta referir-se a Jesus. E se pergunta: "Será que Jesus realmente acreditou ser o futuro Juiz do mundo, onde ele absolutamente não aparece nesse papel?" O professor Theissen tem total razão em fazer essa pergunta. Em toda a Escritura judaica, que Jesus conhecia tão bem, não há uma única passagem que coloque o Julgamento do mundo nas mãos do tão aguardado Messias. É claro que Jesus sabia não ser ele o anunciado Juiz do Mundo, um papel que ele nunca, nem de longe, desempenhou em vida e nem tampouco em suas aparições pós-morte.

Quando, por exemplo, ele leu na sinagoga uma passagem do livro de Isaías e logo em seguida afirmou que naquele dia a profecia havia-se cumprido (cf. Lc4:21), era porque o trecho em questão se referia à sua vinda, com a missão de libertar espiritualmente os cativos, e fazer os cegos espirituais recuperarem a visão:

> "O Espírito do Senhor está sobre mim, porque me ungiu para anunciar a boa nova aos pobres; enviou-me a proclamar a libertação dos cativos e, aos cegos, a recuperação da vista; a mandar em liberdade os oprimidos, a proclamar um ano favorável da parte do Senhor." (Lc4:18,19)

Observe-se que Jesus interrompe a leitura antes do término do correspondente trecho do livro de Isaías, que fala do "Dia da vingança do nosso Deus" (Is61:2). Essa parte se refere ao Juízo Final, que não seria desencadeado por ele, o Filho de Deus, e sim pelo futuro Filho do Homem. A mistura aqui, como se sabe, foi provocada pelo tal "Trito-Isaías", que cuidou de mesclar no livro do profeta duas profecias distintas, a da vinda e missão do Filho de Deus com a da vinda e missão do Filho do Homem. Aliás, nas únicas vezes em que Jesus menciona passagens do livro de Isaías, citando nominalmente o profeta, alude exclusivamente ao texto do legítimo Isaías, e não dos chamados "Dêutero-Isaías" e "Trito-Isaías" (cf. Mt13:14;15:7; Mc7:6).

Jesus, pois, sempre se referia a um outro enviado com suas alusões ao vindouro Filho do Homem.

As colocações dos pesquisadores reproduzidas acima testemunham sua própria autonomia; indicam que são personalidades não algemadas, que se movimentam espiritualmente em busca da verdade dos fatos. Contudo, referências claras sobre a identidade do Filho do Homem e sua época podem ser encontradas e reconhecidas em algumas passagens dos próprios Evangelhos. Vejamos as mais elucidativas:

> "Então, se alguém vos disser: Eis aqui o Cristo! ou: Ei-lo ali! não acrediteis; pois surgirão falsos cristos e falsos profetas, operando sinais e prodígios, para enganar, se possível, os próprios eleitos. Estai vós de sobreaviso; tudo vos tenho predito." (Mc13:21-23)

O surgimento de falsos profetas é um dos sinais da época do Filho do Homem. Observe-se que não está dito que a época dos falsos profetas passará e que depois virá o Filho do Homem, mas sim que ele virá exatamente na época desses falsos profetas. Portanto, o ser humano teria de estar vigilante para reconhecê-lo em meio à legião de falsos profetas em atividade. Teria de trazer sempre consigo azeite em quantidade suficiente para manter a lâmpada da sua intuição permanentemente acesa.

Essa passagem do Evangelho indica que a manifestação do Filho do Homem na época dos falsos profetas não terá nenhuma semelhança com estes. Ele não fará grandes sinais, procurando angariar adeptos, mas quem procurar com humildade e vontade séria encontrará a sua Palavra, e com isso obterá o reconhecimento de quem ele é e de como se deu sua missão. Mas isso só acontecerá àqueles que realmente buscarem a Verdade de toda sua alma. Não para os demais. Estes últimos passarão pelo Filho do Homem sem reconhecê-lo, seguindo confiantes o círculo cada vez mais amplo dos falsos profetas.

E não é isso mesmo o que se assiste hoje? A agremiação dos falsos profetas de nossa época continua a angariar novos integrantes todos os dias, no mundo inteiro. Além dos tradicionais, que são até eleitos para o cargo, vemos surgir continuamente novos guias, dos mais variados matizes escatológicos. Surgem de repente, por toda a parte, como cogumelos numa manhã úmida. Cogumelos grandes, coloridos, vistosos todos eles... e todos venenosos: "Surgirá uma multidão de falsos profetas e induzirão em erro muitos homens" (Mt24:11). Eles arregimentam um sem-número de incautos seguidores e vão logo cumprir, conscientemente ou não, mas sempre fielmente, as suas missões: desviar a atenção das pessoas boas, o mais possível, do significado real da incisiva transformação pela qual está passando o nosso planeta e toda a humanidade: o Juízo Final desencadeado pelo Filho do Homem. Um desvirtuamento de proporções armagedônicas, que vem já desde o início da nossa era. Do século II ao XVI foram registrados nada menos que 28 falsos messias, só entre o povo judeu... Dos demais surgidos em outros povos e raças não há nem uma contabilidade aproximada.

Como nos tempos antigos, eles promovem esse desvirtuamento através de ensinamentos e vaticínios desprovidos de verdade. Contudo, o que a grande maioria dos seres humanos deseja é isso mesmo, infelizmente. Quer ser enganada com lisonjas, para não ter de se movimentar espiritualmente. Não querem ouvir as verdades de legítimos videntes, mas somente coisas agradáveis e ilusões, como já acontecia no tempo de Isaías: "Dizem aos videntes: 'deixem de visões!', e aos profetas: 'deixem de anunciar verdades!' Dizei-nos antes coisas agradáveis, profetizai-nos ilusões!" (Is30:10).

O grande profeta Jeremias também denunciou esse estado de coisas em sua época, ao reproduzir da parte do seu Senhor: "Visões mentirosas, oráculos vãos, fantasias e enganos do seu coração, eis o que profetizam! (...) Os profetas profetizam em nome da mentira, os sacerdotes embolsam tudo que podem, e Meu povo está satisfeito com isso!" (Jr14:14;5:31). Os leitores da Bíblia deviam atentar mais às várias advertências de Jeremias, pois ele foi um dos servos pré-natalmente escolhidos pelo Senhor, para cumprir uma missão na Terra: "Antes de formar-te no seio de tua mãe, Eu já contava contigo. Antes de saíres do ventre, Eu te consagrei e fiz de ti profeta para as nações" (Jr1:5).

Conforme já diz a própria denominação, falsos profetas são aqueles que transmitem falsos ensinamentos e predições. A maneira de desmascarar um falso profeta é até bastante simples: "Se o que o profeta disser em nome do Senhor não se realizar, não acontecer, então não terá sido uma palavra dita pelo Senhor. Por presunção é que o profeta a proferiu" (Dt18:22). Vemos então que já na época de Moisés havia falsos profetas dando indicações falsas, as quais parte do povo aceitava de bom grado porque era indolente, julgando tais profetas como enviados pelo Senhor e sua "Palavra" como plenamente autorizada em matéria de fé... Um conceito que se manteve nos milênios seguintes, imiscuídos em vários outros textos e ditos "inspirados" das Escrituras, como por exemplo a ideia de uma "salvação pela graça". Se essa salvação pela graça não se confirmar, então, segundo o livro do Deuteronômio, não se trata de uma palavra dita pelo Senhor. Segundo o entendimento corrente, para se alcançar graciosamente essa graça gratuita, basta crer que lhes é concedida do Alto a graça de alcançá-la...

Os falsos profetas não são necessariamente servidores conscientes das trevas. Ao contrário. A quase totalidade deles se consideram imbuídos dos mais elevados propósitos, encarregados de uma missão de suma importância, acreditando realmente estarem auxiliando a humanidade com suas atuações. Em sua maioria servem *inconscientemente* as trevas e se apresentam como lutadores em prol da Luz. Pouco importa se seu círculo abarca algumas poucas dezenas de adeptos ou centenas de milhões. Não se deve atentar ao que eles procuram aparentar, e sim ao que transmitem: "confessam que conhecem a Deus, mas o negam com seus atos" (Tt1:16); "conservarão uma aparência de piedade, mas negarão a sua essência" (2Tm3:5). Daí também a advertência tão clara: "Não julgueis pela aparência, mas julgais conforme a justiça" (Jo7:24). Não se deve levar em consideração os ritos e trajes que os envolvem, e sim suas palavras e seu proceder, provenientes do íntimo. O que eles *oferecem* tem de ser analisado, e com toda a objetividade e firmeza que uma pessoa é capaz de reunir. Hoje, mais do que nunca, é preciso distinguir pedras de pão. E há, de fato, pão no mundo! Pão verdadeiro, pão da vida! Só é preciso manter mente e coração abertos para encontrá-lo em meio à pedreira circunjacente de crença errada.

Ao lado dos falsos profetas trabalham os não menos nocivos apaziguadores, que procuram colocar panos quentes em todas as advertências da época atual, na forma de tantas tragédias humanas e catástrofes da natureza. Essa casta de apaziguadores está prodigiosamente disseminada entre muitos dirigentes religiosos e também junto aos cientistas. São eles os que "prodigalizam consolações ilusórias" (Zc10:2). Sobre essa gente, mais "cegos que guiam cegos" (Mt15:14), diz a mensagem do Senhor transmitida por Ezequiel e Jeremias: "Com efeito, eles desencaminham o Meu povo ao dizerem: 'paz', e não há paz" (Ez13:10); "Todos, profetas e sacerdotes, praticam a mentira. Pretendem remediar a desgraça do Meu povo dizendo levianamente: Tudo em paz! Tudo em paz!, quando não há paz" (Jr6:14).

O profeta Jeremias, mais uma vez, transmite várias advertências da parte do Senhor contra esses apaziguadores: "Os profetas que profetizam em Meu nome, sem que Eu os tenha enviado, e que proclamam: 'Não haverá espada nem fome nesta terra', tais profetas perecerão pela espada e pela fome!" (Jr14:15). E prossegue nas advertências contra outros semelhantes abutres: "Não queirais ouvir as palavras dos profetas que vos transmitem vãs esperanças. Proclamam as suas próprias visões, que não procedem da boca do Senhor. Eles dizem repetidamente aos que desprezam a Palavra do Senhor: 'Tereis paz! Nenhum mal virá sobre vós!' (...) Não enviei estes profetas, e eles vieram a correr; não lhes falei, e eles profetizaram. Se assistissem ao Meu conselho, teriam transmitidos as Minhas palavras ao Meu povo, *tê-lo-iam convertido* do seu mau caminho e das suas perversas ações" (Jr23:16-22,26).

Os falsos profetas vaticinam a mentira... "Até quando haverá profetas que vaticinam a mentira, que profetizam os desvarios do seu coração?" (Jr23:26). A maioria das pessoas já se desencantou completamente das promessas de grande parte dos políticos, pois suas mentiras são facilmente constatadas, já que não se efetivam em atos. Os políticos espirituais também mentem da mesma forma, porém suas mentiras dizem respeito ao âmago mais profundo do ser humano, ao seu próprio espírito, e por isso só podem ser percebidas por quem mantém viva a voz do espírito, a intuição. São esses mentirosos espirituais os maiores inimigos da humanidade, capazes de lançá-la inteira na perdição eterna, e foi contra eles que se dirigiu a advertência de Jesus:

> "Digo-vos, pois, amigos meus: Não temais os que matam o corpo, e depois disso nada mais podem fazer. Eu, porém, vos mostrarei a quem deveis temer: Temei aquele que depois de matar tem poder para lançar no inferno. Sim, digo-vos, a este deveis temer." (Lc12:4,5)

Esses falsos profetas, que detêm o poder de aniquilar espiritualmente um ser humano, não parecem tão perigosos aqui na Terra. Ao contrário. Suas mentiras são palavras suaves, doces, requerendo do incauto apenas uma inocente fé cega. No entanto, essa fé cega aparentemente inócua é uma isca poderosa, que atrai o espírito humano descuidado para uma armadilha fatal. São esses falsos profetas, portanto, que devemos temer, os lobos em pele de cordeiro:

> "Cuidado com os falsos profetas: eles vêm até vós vestidos de ovelhas, mas por dentro são lobos ferozes." (Mt7:15)

É bastante significativo que a palavra que designa mentira em hebraico – *sheker*, possa ser aplicada não somente à esta, mas a qualquer outro pecado... A mentira é, de fato, o âmago de todo o pecado, de todo o mal, e por isso tudo, mas tudo mesmo na vida humana atual está impregnado de mentira. Regimes políticos e profissões, religiões e ciências, artes e literatura, crenças esotéricas e filosofias multifacetadas, nada ficou livre dela, como consequência natural da profunda queda espiritual de toda a humanidade. Nada pôde manter-se apartado dela e muita coisa nem mesmo quis. Vivemos hoje sob o império da mentira. É como se toda a Terra tivesse sido envolta por um único e denso lodaçal sufocante, que fez submergir sem resistência toda a orgulhosa raça humana, juntamente com suas falsas obras, impedindo qualquer integrante dessa espécie de chegar à tona mesmo que queira, muito menos ainda de voltar a ver com clareza e respirar ar puro.

A mentira é o sintoma mais drástico, mais visível, do terrível processo de enrijecimento dos conceitos que norteiam a vida humana. Mudam apenas as denominações dos muitos erros, falhas e pecados, transfigurando-se em situações que são não apenas aceitas mas até desejadas. Adultério é amor livre, corrupção é esperteza, ladroeira é criatividade financeira, e por aí vai. Frutos putrefatos da cobiça humana, adubados pela mentira.

A mentira tornou-se o esteio da vida moderna, a base dos relacionamentos familiares, profissionais e públicos. A primeira lição que uma criança aprende, ainda no berço, é como mentir e enganar, com os seguidos exemplos dados pelos pais e parentes próximos. Mentem entre si diuturnamente pais e filhos, professores e alunos, patrões e empregados, governantes e governados. Todos indiferentes à máxima de que "mais vale um ladrão do que um mentiroso contumaz" (Eclo20:27), ou de que "mais vale um indigente do que um mentiroso" (Pv19:22), sem tampouco se importar de que "os lábios mentirosos são abomináveis ao Senhor" (Pv12:22).

A chamada linguagem diplomática, esse polido e hermético idioma com que os chefes de Estado falam uma coisa querendo dizer outra, é a própria mentira institucionalizada. Na política atual os exemplos de falsidade são tantos que nem é possível discorrer sobre eles.

O enrijecimento fez da mentira uma característica aceitável, até necessária para a convivência diária, e a mentira retribuiu à altura, retirando das religiões o que ainda lhes restava de movimentação espiritual. Os dogmas de múltiplas espécies espelham a mornidão abafadiça das respectivas doutrinas, fazendo do mundo da fé uma imensa Laodiceia espiritual.

Nada é pior do que ser "morno" em matéria de fé. Os "frios" (céticos) ainda poderão chegar ao reconhecimento, mediante vivências e reciprocidades duras, e os "quentes" (convictos) precisam cuidar de permanecer em contínua movimentação espiritual, a fim de não caírem. Mas os "mornos" não têm nenhuma chance. Estão eternamente refestelados em sua crença tépida, surdos e cegos diante de todas as advertências e avisos. Antepõem a qualquer exortação mais dura, a satisfação daquilo que julgam ter firmemente nas mãos. São esses mornos que serão expelidos pelo Juiz, o "Princípio da Criação de Deus", conforme indicado neste trecho do livro do Apocalipse: "Conheço a tua conduta. Não és frio nem quente. Oxalá fosses frio ou quente! Mas, porque és morno, nem frio nem quente, estou para vomitar-te de minha boca" (Ap3:15,16).

Sobre essa mornidão, essa indiferença espiritual letal para o espírito humano, que faz com que ele seja "vomitado" ou "cuspido fora" pela atuação do

Espírito Santo na Criação, a vontade de Deus, quero citar aqui um trecho da dissertação *Peregrina uma alma...*, da Mensagem do Graal de Abdruschin, a obra Na Luz da Verdade:

> *"Vedes assim que em todo e qualquer acontecimento reina sempre justiça. Por isso está prometido que os indiferentes serão cuspidos fora, conforme acontece literalmente por parte da Luz."*

O leitor deixe sempre falar sua intuição quando se defrontar com algo que diga respeito à sua vida espiritual, pois a esse respeito não se pode ser negligente: "Anda segundo os caminhos do teu coração, conforme o que teus olhos veem" (Ecl11:9), e nem tampouco indolente: "Sede diligentes, sem preguiça, fervorosos no espírito" (Rm12:11). Tudo com que se deparar pode, deve e tem de passar pelo filtro rigoroso da intuição espiritual. Não deve se entregar a uma crença qualquer por costume ou comodismo, a algo que não tenha absoluta convicção de corresponder à Verdade. Precisa ter coragem de ser verdadeiro em tudo quanto fizer: "Em tudo o que fazes, sê fiel a ti mesmo" (Eclo32:23).

Em relação ao Cristianismo de hoje, a mais letal das crenças falsas em vigor é supor que a morte de Jesus tenha livrado os fiéis cristãos de seus pecados e lhes garantido a salvação. Outro tipo de crença falsa muito perniciosa é justamente considerar Jesus como o Filho do Homem. Que devido a isso a maior parte das pessoas ficará impedida de reconhecer o Filho do Homem até a consumação do Juízo Final, fica patente nessas comparações de Jesus:

> "Porquanto assim como nos dias anteriores ao dilúvio comiam e bebiam, casavam e davam-se em casamento, até o dia em que Noé entrou na arca, e não o perceberam senão quando veio o dilúvio e os levou a todos, assim será também a vinda do Filho do Homem." (Mt24:38,39)

> "Acontecerá como nos dias de Ló: comiam e bebiam, compravam e vendiam, plantavam e construíam. Mas no dia em que Ló saiu de Sodoma, Deus fez chover fogo e enxofre do céu e fez morrer todos. O mesmo acontecerá no Dia em que se manifestar o Filho do Homem." (Lc17:28-30)

Jesus diz ainda que na época do Filho do Homem haverá grandes terremotos, maremotos, doenças e sinais nos céus:

> "Haverá grandes terremotos e pestes e fomes em todos os lugares; aparecerão fenômenos

pavorosos e grandes sinais vindos do céu. (...) Haverá sinais no Sol, na Lua e nas estrelas; e na Terra, as nações estarão em angústia, inquietas pelo bramido do mar e das ondas." (Lc21:11,25)

E os poderes dos céus serão abalados:

"Mas naqueles dias, após a referida tribulação, o Sol escurecerá, a Lua não dará a sua claridade, as estrelas cairão do firmamento e os poderes dos céus serão abalados. Então verão o Filho do Homem vir nas nuvens, com grande poder e glória." (Mc13:24-26; Mt24:29,30)

A frase condicional de que *"então* verão o Filho do Homem" significa que muitos só reconhecerão que o Juízo Final foi desencadeado pelo Filho do Homem quando seus efeitos mais drásticos se efetivarem na Terra.

Eventos cósmicos abaladores não são prelúdios da vinda do Juiz, mas o sinal de que o Julgamento por ele desencadeado já se encontra em sua fase final. As pessoas desejarão covivenciar os dias do Filho do Homem na Terra, mas serão incapazes de reconhecê-lo em tempo certo: "Dias virão em que desejareis nem que fosse um só dos dias do Filho do Homem e não o vereis" (Lc17:22). Não poder ver o Filho do Homem ou não ser capaz de reconhecer a sua Palavra é a mesma coisa, pois ambos são um só. Elas serão incapazes de reconhecer a Palavra da Verdade no tempo certo. Sua atitude será idêntica à dos que estavam junto à cruz do calvário na época de Cristo, que somente depois do grande terremoto "ficaram apavorados e disseram: 'Este era verdadeiramente o Filho de Deus!'" (Mt27:54). Um reconhecimento vindo demasiado tardio. O mesmo reconhecimento atrasado se verá em relação ao Filho do Homem. E não só atrasado como ineficaz, pois dada sua índole tenebrosa, as pessoas se preocupariam antes de mais nada em querer saber mais sobre a *pessoa* do Portador da Mensagem da Luz e não sobre a própria Mensagem, o que unicamente lhes seria útil. Exatamente como aconteceu com o Filho de Deus e sua Mensagem de Salvação. A humanidade não mudou nesses dois mil anos.

A indicação de que o Sol escurecerá e que a Lua não dará sua claridade refere-se ao deslocamento da órbita da Terra, ocasionado pelo Grande Cometa, que em breve será visível e causa de um pavor generalizado.*

O aparecimento do Cometa do Juízo, que provocará profundas alterações na geologia terrestre e a mudança de sua órbita, marcará também o início de uma nova era, a Era da Verdade! Em O Livro do

---

* Veja mais informações a respeito desse Cometa na obra O Livro do Juízo Final, de Roselis von Sass.

Juízo Final, Roselis von Sass diz que no início do novo tempo a Terra estará vazia, pois a maior parte dos seres humanos terá desaparecido para sempre da superfície terrestre com todos os seus pecados, vícios, falsos profetas e falsas religiões. Essa situação também foi antevista pelo profeta Isaías:

> "Os meus ouvidos ouviram ainda este juramento do Senhor dos Exércitos: 'Grande número de casas será devastado, grandes e magníficas herdades ficarão desabitadas.' (...) 'Vai, pois, dizer a esse povo: Escutai, sem chegar a compreender, olhai, sem chegar a ver.' (...) 'Até quando, Senhor?', disse eu. E ele respondeu: 'Até que as cidades fiquem devastadas e sem habitantes, as casas, sem gente, a Terra, deserta; até que o Senhor tenha banido os homens, e seja grande a solidão na Terra. Se restar um décimo (da população), ele será lançado ao fogo, como o terebinto e o carvalho.' (...) Eis que o Senhor devasta a Terra e a torna deserta, transforma a sua face e dispersa seus habitantes. (...) Os habitantes da Terra são consumidos, um pequeno número de homens sobrevive." (Is5:9;6:9,11-13;24:1,6)

O Cometa do Juízo levará toda a família de planetas para o novo Sol, fazendo reinar escuridão na

Terra durante vários dias. É o tempo antevisto pela vidente do Apocalipse quando disse que "o Sol tornou-se negro como um saco de crina" (Ap6:12). No livro do Apocalipse, aparece uma estrela chamada Absinto, que cai do céu: "Caiu do céu uma grande estrela, ardendo como uma tocha. O nome da estrela é Absinto" (Ap8:10,11). Absinto é a designação genérica das muitas espécies de plantas de sabor intensamente amargo. Amarga será a experiência dos seres humanos terrenos durante os últimos acontecimentos do Juízo. Nessa ocasião, realmente "os poderes dos céus serão abalados e os homens desmaiarão de terror e pela expectativa das coisas que sobrevirão ao mundo" (Lc21:26). Jesus ordenou aos seus que *velassem e orassem* permanentemente, porque não saberiam quando seria esse tempo:

> "Estai de sobreaviso, *velai e orai*, porque não sabeis quando será o tempo." (Mc13:33)

Para subsistir na época futura do segundo enviado, o Filho do Homem, as pessoas também teriam de velar e orar, avisou Jesus:

> "*Velai*, pois, *orando* continuamente, a fim de terdes força para escapar a tudo o que vai acontecer e aparecerdes firmes diante do Filho do Homem." (Lc21:36)

A lei da reciprocidade foi acelerada no Juízo pela atuação do Filho do Homem, fazendo retornar rapidamente a cada criatura humana tudo o que ela gerou em sua existência. Vemos isso nesta frase de Mateus:

> "Porque o Filho do Homem há de vir na glória de seu Pai, com os seus anjos; então retribuirá a cada um conforme as suas obras." (Mt16:27)

Conforme as suas *obras*... e não acaso conforme a sua *fé*. Quando Paulo se queixou a Timóteo de que o ferreiro Alexandre tinha se mostrado mau para com ele, desabafou: "O Senhor lhe retribuirá segundo as suas obras" (2Tm4:14). Segundo as obras portanto, e não segundo a fé.

O Filho do Homem prometido por Jesus viria no futuro para julgar e retribuir a cada um segundo seu proceder, e não segundo sua crença pessoal. O retribuir conforme as obras indica o fechamento do ciclo de todos os acontecimentos no Juízo Final, pela atuação acelerada da reciprocidade, desencadeada pelo Juiz, o Filho do Homem. O Juízo se efetiva exatamente desta forma: pelo recrudescimento dos efeitos das leis primordiais, que força o resgate de tudo quanto o ser humano produziu com sua vontade, seus pensamentos, palavras e atos, e que ainda não havia sido remido.

É como o movimento de uma esteira elétrica, que passa a girar cada mais vez mais rápido. A pessoa que está sobre a esteira tem de se manter em equilíbrio, condizente com a velocidade acelerada, do contrário cairá e se machucará. Ela mesma não tem nenhum controle sobre o movimento e a velocidade crescente da esteira da Criação, de modo que, caso tropece ou caia, terá de desenvolver esforços redobrados para retornar à posição de equilíbrio. Se não fizer isso será dilacerada pelo movimento da esteira, pois esta de maneira alguma reduzirá sua marcha devido à queda do usuário.

Realmente, não é preciso ser profeta nem vidente para constatar que o mundo não é mais o mesmo já há tempos, decorrência desse aceleramento contínuo dos efeitos do Juízo. Nas últimas décadas a humanidade tem sido assolada por um número crescente de tragédias e catástrofes, todas se superpondo continuamente: terremotos, erupções, inundações, ciclones, incêndios, efeito estufa, buracos na camada de ozônio, explosões solares, doenças terríveis, fome, roubos, miséria, chacinas, guerras, revoluções, atentados terroristas, distúrbios coletivos, acidentes, drogas, crises econômicas, medo, depressão, degradação moral...

As notícias sobre esses acontecimentos, que se multiplicam continuamente à nossa volta, são invariavelmente cada vez piores. Em todos os sentidos.

Os avestruzes espirituais, que não querem de modo algum enxergar essa aglomeração contínua dos fenômenos da natureza, afirmam levianamente para si e seus companheiros de conduta: "Tudo já aconteceu!". Eles não percebem, ou não querem perceber, que tudo já aconteceu sim, mas *isoladamente,* de modo que em outras épocas se falava e se comentava durante muito tempo sobre determinadas catástrofes da Natureza, *justamente* porque eram fenômenos raros. Um exemplo claro: o profeta Zacarias, que escreveu seu livro entre 520 e 518 a.C., previu a seus ouvintes: "Fugireis *como na ocasião do terremoto do tempo de Ozias,* rei de Judá" (Zc14:5), aludindo a um sismo ocorrido no tempo do rei Ozias, que reinou de 783 a 742 a.C., portanto mais de dois séculos antes! No primeiro século da nossa era, Flavio Josefo também alude a um terremoto que teria feito grandes estragos no vale do Jordão, em 31 a.C. Os terremotos eram eventos tão inusitados e impressionantes que serviam de referência anos e até séculos depois de ocorridos! E hoje?... Hoje, o medo inconsciente leva os seres humanos a abafar tudo horas depois, em meio a divertimentos de todo tipo.

Mas o Juízo vai acordar essa humanidade, quer ela queira quer não. A cada ano, a cada mês, a situação se deteriora mais e mais. Visivelmente. E muito mais ainda vai piorar no futuro. Os seres humanos serão arrancados violentamente de seu torpor espiritual, mediante o aceleramento dos efeitos recíprocos de seu falso atuar. Atualmente, todo o mal cultivado pela humanidade durante milênios está sendo forçado a se manifestar com a máxima intensidade, até se autoexaurir, se autoconsumir, levando consigo tudo e todos que a ele estejam aderidos e que não foram capazes de se desprender dele a tempo.

Daí o crescimento colossal das tragédias humanas e catástrofes da Natureza, daí o incremento exponencial da maldade em nossa época, conforme Paulo já previra em sua Segunda Epístola a Timóteo: "Nos últimos dias, sobrevirão tempos difíceis. Os homens serão egoístas, ávidos de lucro, fanfarrões, orgulhosos, blasfemadores, rebeldes para com os pais, ingratos, sacrílegos, desapiedados, implacáveis, maldizentes, indisciplinados, cruéis, inimigos do bem, traidores, coléricos, obcecados pelo orgulho, mais amigos dos prazeres do que de Deus" (2Tm3:1-4). Os seres humanos maus terão de se mostrar como realmente são durante o Juízo, para serem julgados e suprimidos para sempre: "Se os infiéis brotam como a erva, se todos os malfeitores florescem, é para serem suprimidos para todo o sempre" (Sl92:8).

Estamos vivendo na época em que a cobra morde o próprio rabo, o tempo em que as trevas têm de se destruir mutuamente, através de todo o mal que elas próprias geraram e nutriram. É a época do temido

Juízo Final! A paz fictícia já foi retirada da Terra pelo cavaleiro do Apocalipse, e as fúrias se espalham agora sobre a Terra inteira: "Ao que montava foi dado o poder de tirar a paz da Terra, para que se matassem uns aos outros" (Ap6:4). Tudo quanto está ocorrendo, e o que ainda vier em futuro próximo, testemunham esse evento descomunal. Nós *já estamos* dentro do grande e derradeiro Julgamento, já estamos no Juízo Final! Há vários anos! Não se trata acaso do fim do mundo, mas sim do *fim de um mundo,* um mundo errado e torto, triste e miserável, que a humanidade edificou para si mesma durante milênios.

As pessoas que veem a comprovação dessas tragédias e males na época presente, ou que já estão sendo obrigadas a constatá-los em seu ambiente mais próximo ou mesmo a vivenciá-los em si, são instadas dessa maneira a refletir seriamente sobre o que está ocorrendo de extraordinário no mundo e nelas próprias. Têm com isso ensejo de chegar a uma conclusão lógica: a de que tanto o sofrimento mundial como o individual só podem ser, na realidade, efeitos do atuar errado dos próprios seres humanos. A partir daí se lhes tornará clara também a necessidade inadiável de uma mudança interior, radical, de um completo *nascer de novo,* de um reenquadramento integral às leis inflexíveis que regem esta Criação, as quais só admitem um desenvolvimento no sentido do bem. Em suma, deverá procurar agora a justiça e a humildade em tudo, contingência incontornável para subsistir no Juízo: "Procurai a justiça, buscai a humildade: talvez assim acheis abrigo no Dia da Ira do Senhor" (Sf2:3).

Sobre a verdadeira humildade, pode-se dizer que ela brota naturalmente do coração, pela percepção da pequenez humana diante da magnificência e perfeição da obra do Criador. É uma característica pessoal, íntima. Jamais tentará se evidenciar mediante frases de efeito ou situações arranjadas, que nada mais são do que elucubrações do raciocínio com o único fito de provar a todo custo que... se é "humilde"! A legítima humildade não é formada por tais lantejoulas nem se apoia nelas. Um tal teatro pode até fazer com que o respectivo ator *pareça* ser uma pessoa modesta, não porém humilde. A modéstia é uma virtude que se evidencia externamente, e por isso pode ser dissimulada e apresentada como tal. A humildade não. A humildade real se evidencia interiormente, moldando-se numa oração e adoração permanentes, silenciosas e intensas ao Todo-Poderoso Criador, pelo reconhecimento da inconcebível graça de poder existir. Desse modo, um ser humano altivo pode perfeitamente trazer em si a legítima humildade, e devido a isso apresentar também uma modéstia normal, ao passo que um outro que se esforça em parecer muito modesto aos olhos de seus pares frequentemente tem a alma cheia de vaidade e presunção, na qual não há nenhum lugar para a humildade. Todavia, só um observador que faça uso de sua intuição pode perceber a diferença entre essas duas espécies de seres humanos, sem se deixar enganar pelas aparências. Enquanto uma pessoa humilde ama de fato o seu próximo, o vaidoso ama apenas a si mesmo, ainda que procure demonstrar o contrário, com a doação de dinheiro ou bens aos mais necessitados.

O biblista Giuseppe Barbaglio chegou à conclusão muito acertada de que "o Juízo, de fato, não acontecerá tendo como base os critérios de caráter religioso ou confessional, mas segundo a medida expressa pelo mandamento do amor ao próximo". Opinião absolutamente correta, ainda mais quando se sabe que "aquele Dia há de sobrevir *a todos os que vivem sobre a face da Terra inteira*" (Lc21:35), e de que "o Juízo será sem misericórdia para aquele que não pratica a misericórdia" (Tg2:13).

É justamente nessa época da ceifa do Juízo Final que o joio é separado do trigo, por efeito conjunto das leis da Criação. Nada mais pode permanecer oculto, tudo é trazido à plena luz do dia para que se mostre como realmente é. Paulo aludiu a esse período em sua primeira Epístola aos Coríntios:

"Portanto, nada julgueis antes do tempo, até que venha o Senhor, o qual não apenas trará à plena luz as coisas ocultas das trevas, mas também manifestará os desígnios dos corações." (1Co4:5)

Vivenciamos presentemente o período da colheita de tudo quanto foi semeado, a época do exame final. Ou o ser humano acorda ainda a tempo, retomando o caminho certo há muito perdido, através da observação irrestrita das leis instituídas por Deus em Sua Criação, ou se perderá no Juízo, perecendo espiritualmente, com o que seu nome será apagado do Livro da Vida por toda a eternidade. É a decisão final. A lembrança do justo será abençoada e permanecerá, mas o *nome* do mau desaparecerá e, com isso, também se apagará para sempre a luz espiritual que o incandescia: "A lembrança do justo é abençoada, mas o nome dos maus apodrecerá" (Pv10:7); "Para os maus não há futuro; a lâmpada dos ímpios se apagará" (Pv24:20). Esse mesmo conceito aparece nos livros de Jó e dos Salmos: "Sim, a luz do mau se apagará, e a flama de seu fogo cessará de alumiar. Sua lembrança perdeu-se na terra, seu nome já não consta do cadastro" (Jó18:5,17); "[Tu] exterminaste os ímpios, apagaste o seu nome para sempre" (Sl9:6).

Os antigos escritores hebraicos conheciam o processo e sempre consideravam o nome como equivalente à própria pessoa. Acreditavam que primeiro se devia conhecer o nome de alguém, antes de conhecê-lo pessoalmente. Por isso, entre o povo judeu daquela época, o ato da escolha do nome para uma criança era uma grande responsabilidade. Uma indicação disso foi o episódio envolvendo Isabel, mãe de João Batista. Os vizinhos e parentes queriam que o menino se chamasse Zacarias, mas Isabel protestou firme e disse que seu filho teria o nome de João (cf. Lc1:59,60). Um aspecto interessante, é que naquele tempo o nome podia ser alterado na fase adulta, normalmente a pedido da própria pessoa. Na Bíblia há relatos em que essa mudança foi simplesmente comunicada à respectiva pessoa. Jacó foi informado por um anjo da mudança de seu nome para Israel (cf. Gn32:28), e Jesus mudou o nome de Simão para Pedro (cf. Mt16:17,18). Com Paulo, que antes portava o nome de Saulo, essa mudança aconteceu de uma hora para outra, quando se encontrava na ilha de Chipre (cf. At13:9).

A correlação nome-portador também transparece nesse exemplo de uma pessoa pouco recomendável: "Meu senhor, não faça caso desse idiota, Nabal, pois ele é bem o que o seu nome indica: Nabal, louco. É isso o que ele é!" (1Sm25:25). O nome Nabal significava, de fato, louco, insensato, infame. Esse cidadão já trazia de outras vidas uma inclinação para o mal: "era grosseiro e mau" (1Sm25:3), o que se evidenciava pelo nome que portava naquela vida. Contudo, ele não precisaria ter voltado a agir erradamente. Se tivesse reconhecido seu pendor para o que é trevoso e lutado contra isso, teria se libertado de seu carma, e numa outra vida portaria um nome diferente, condizente com sua nova e mais elevada posição espiritual. Mas isso não aconteceu e Nabal teve de receber o retorno integral de seus atos malévolos através da lei da reciprocidade: "O Senhor fez cair sobre sua cabeça a própria maldade!" (1Sm25:39).

Uma indicação moderna da efetivação da Lei de Atração da Igual Espécie através do nome, agora no sentido positivo, pode ser reconhecida pelos nomes de família associados a características bem marcantes de seus membros, como é o caso notório de grandes musicistas. É a efetivação dessa lei que proporcionou tantos músicos extraordinários com sobrenomes Mozart, Strauss e Bach, só para citar alguns. Na família de Johann Sebastian Bach, por exemplo, havia nada menos que cinquenta e dois músicos. Espíritos humanos de características elevadas também podem surgir numa mesma família, portando o mesmo nome, também como decorrência dessa lei.

O nome, portanto, designa seu próprio portador, e este só existe porque porta um nome. O Onipotente é Aquele "a quem toda família no céu e na Terra deve o seu nome" (Ef3:15), portanto a Quem devem sua *existência,* conforme indicam outras traduções igualmente corretas. Isso vale não somente para os seres humanos mas para tudo o mais que se encontra na Criação, e para ela própria até: "O que quer que exista, já foi chamado por seu nome" (Ecl6:10).

O poema mesopotâmico Enuma Elish é chamado assim por causa das duas primeiras palavras do cântico: "Quando do Alto", conforme era usual nos escritos da Antiguidade. A primeira frase desse poema diz o seguinte: "Quando do Alto o céu *ainda não era denominado* e, embaixo, a Terra *não tinha nome…*" Esse modo de expressão quer dizer: "Quando o céu e a Terra ainda não existiam…" Tudo passou a existir quando recebeu um nome, e o que não puder conservar um nome após o Juízo terá sido extinto da Criação. O apócrifo Evangelho da Verdade expressa o mesmo conceito com esta sentença: "O que não existe não tem nome; realmente, como seria nomeado o não-existente? Mas o que existe, existe simultaneamente com o seu nome" (EvV39:11,16). Os antigos egípcios também conheciam essa propriedade da relação nome-portador, mas com sua propensão a exageros faraônicos, achavam que conhecer o nome de uma pessoa já significava ter poder sobre ela, e por isso escondiam seu verdadeiro nome para evitar influências externas.

Em relação a Jesus Cristo, o nome naturalmente se revestia de máxima importância. Os vários relatos de batismo "em nome de Cristo" existentes em Atos dos Apóstolos (cf. At2:38;10:48;19:5) indicam que os batizandos se comprometiam firmemente a viver como Jesus Cristo ensinara, em *seu nome* portanto.

Em relação ao Filho do Homem, o chamado Livro das Parábolas (incluído no apócrifo Livro de Enoch) informa que a denominação *Filho do Homem* foi pronunciada *antes* da Criação, indicando com isso que esse título não está relacionado a Jesus. A versão etíope desse livro diz o seguinte: "E nessa hora o Filho do Homem recebeu um nome na presença do Senhor dos Espíritos. E antes de o Sol e os dois signos serem criados, antes de serem criadas as estrelas do céu, ele recebeu um nome perante o Senhor dos Espíritos."

É do Filho do Homem a Palavra futura que traria o Julgamento ao mundo, a qual é una com a do Filho de Deus, conforme Jesus esclarece neste trecho do Evangelho de João:

> "Se alguém ouvir as minhas palavras e não as guardar, eu não o julgo, porque eu não vim para julgar o mundo e sim para salvá-lo. Quem me rejeita e não recebe as minhas palavras, tem quem o julgue; a própria Palavra que tenho proferido, essa o julgará no último Dia." (Jo12:47,48)

Esse efeito da Palavra divina criadora que traz o cumprimento do que foi pronunciado, que já desencadeia propriamente o que foi dito, que já é *ação* por assim dizer, é descrito dessa maneira no Livro de Isaías: "Porque, assim como descem a chuva e a neve dos céus, e para lá não tornam sem que primeiro reguem a terra, e a fecundem, e a façam brotar, para dar semente ao semeador e pão ao que come, assim será a Palavra que sair da Minha boca: *não voltará para mim vazia, mas fará o que me apraz e prosperará naquilo para que a designei*" (Is55:10,11). É dessa maneira também que se desenrola o atual Juízo, porque a lei da Reciprocidade, uma das leis da Criação emanadas da perfeição divina, assim o decretou: "A Terra será totalmente devastada, despojada, porque o Senhor assim o decretou" (Is24:3). E quem conhece a Bíblia sabe muito bem que "a Palavra do nosso Deus subsiste para sempre" (Is40:8), pois "Ele não retira Sua Palavra" (Is31:2), isto é, Ele nunca volta atrás no que determinou alguma vez. E cada nova determinação Sua estará em exata concordância com as anteriores. Assim, *todas* as palavras advindas do Senhor se cumprem, sem exceção: "Assim fala o Senhor Deus: 'Todas as Minhas palavras se cumprirão. A palavra que Eu digo vai realizar-se'" (Ez12:28).

Em hebraico, o termo *dabar,* que designa palavra, indica simultaneamente o efeito relacionado à essa palavra. Por isso, também era do conhecimento dos antigos hebreus que até mesmo a palavra humana trazia em si um certo poder de realização... "Quanto mais não traria então a Palavra de Yahweh, o Senhor!", diziam eles.* Em razão disso, na língua hebraica, os Dez Mandamentos, que aparecem nos livros de Êxodo e Deuteronômio (cf. Ex20:1-17; Dt5:6-21), são chamados literalmente de as "Dez Palavras" (*decalogos* em grego).

Para se reconhecer a vinda do Filho do Homem e o processo do Juízo Final, o "Dia do Senhor", é fundamental a vigilância de cada um, o azeite da lâmpada. Vamos lembrar aqui a analogia do ladrão, que não avisa quando vai chegar:

> "Vós mesmos sabeis perfeitamente que o Dia do Senhor vem como um ladrão, durante a noite. Não estais nas trevas, de modo que este Dia vos surpreenda como um ladrão." (1Ts5:2,4)

> "Virá, entretanto, como ladrão, o Dia do Senhor, no qual os céus passarão com estrepitoso estrondo e os elementos se desfarão abrasados; também a Terra e as obras que nela existem serão atingidas." (2Pe3:10)

---

* O reconhecimento da importância da palavra humana sobrevive até hoje no Judaísmo. O primeiro número da famosa Revista de Estudos Semíticos, surgida em 1955, trazia a seguinte frase: "A linguagem humana é um segredo, é um dom divino, um milagre."

> "Portanto, vigiai, porque não sabeis em que Dia vem o vosso Senhor. Mas considerai isto: se o pai de família soubesse a que hora viria o ladrão, vigiaria e não deixaria que fosse arrombada a sua casa. Por isso ficai também vós apercebidos: porque, à hora em que não cuidais, o Filho do Homem virá." (Mt24:42-44)

Como já dito, a expressão "Dia do Senhor" nessas citações deve ser entendida como o tempo completo de efetivação do Juízo Final, isto é, os anos compreendidos entre o início e o fim do Julgamento. Mais duas lembranças sobre a chegada do ladrão escatológico:

> "Se não vigiares, virei a ti como um ladrão, e não saberás a que horas te surpreenderei." (Ap3:3)

> "Olha: venho como um ladrão! Feliz daquele que vigia e guarda suas vestes." (Ap16:15)

Por essas palavras vê-se que a vinda do Filho do Homem, contrariamente ao que é imaginado por muitos, se daria sem aviso prévio, sem alarde. Aquele que merecer, encontrará sua Palavra e o reconhecerá, porém ele mesmo não irá atrás de ninguém. Na última frase, a expressão "guardar as vestes" significa conservar limpas as vestes do espírito, ou seja, a alma.

Temos, portanto, de cuidar de branquear nossas vestes para podermos fazer parte daqueles que "estavam de pé diante do trono e diante do Cordeiro, trajados com vestes brancas" (Ap7:9).

Sobre a inexorabilidade do último Julgamento e os acontecimentos a ele ligados, o apóstolo Paulo também faz uma advertência semelhante às anteriores (novamente com a analogia do ladrão) em sua primeira Epístola aos Tessalonicenses:

> "Quando andarem dizendo: paz e segurança, eis que lhes sobrevirá repentina destruição, como vem a dor do parto à que está para dar à luz, e de nenhum modo escaparão. Mas vós, irmãos, não estais em trevas, para que esse Dia, como ladrão, vos apanhe de surpresa." (1Ts5:3,4)

Na passagem abaixo, Jesus fornece outras indicações sobre o tempo do Filho do Homem, as quais têm provocado considerável controvérsia entre os eruditos bíblicos:

> "Aprendei da figueira esta parábola: quando o seu ramo se torna tenro e as suas folhas começam a brotar, sabeis que o verão está próximo. Da mesma forma também vós, quando virdes todas essas coisas, sabei que ele [o Filho do

Homem] está próximo, às portas. Em verdade vos digo que esta geração não passará sem que tudo isso aconteça." (Mt24:32-34; Mc13:28-30)

Um desses eruditos é honesto o suficiente para expor sua perplexidade: "Não se tendo verificado o acontecimento escatológico suposto como iminente, não se pode evitar o espinhoso problema do erro de avaliação cometido por Jesus", confessa ele. Na realidade, não há erro algum, desde que tenhamos em mente que Jesus não é o Filho do Homem, e que ao proclamar que "esta geração não passará sem que tudo isso aconteça" está apenas indicando que aquelas pessoas que o ouviam naquela ocasião estariam reencarnadas na época da vinda do Filho do Homem, e que seriam testemunhas futuras daqueles acontecimentos.

No Evangelho de João, particularmente, há várias passagens sobre a vinda e a atuação do Filho do Homem. Nele, Jesus anuncia a vinda do Consolador ou Paráclito* – o Espírito da Verdade, uma outra denominação para o Filho do Homem, indicando que a sua missão se caracterizaria pela Verdade, da qual ele se origina e de que é Portador. Na passagem a seguir é muito nítida a indicação de Jesus referente

---

* O termo "Paráclito" é derivado do grego *parakletos,* indicando alguém que aconselha, conforta, incentiva e exorta.

a um outro enviado de Deus e à Palavra que ele novamente traria à Terra:

> "E eu rogarei ao Pai, e ele vos dará outro Consolador, a fim de que esteja para sempre convosco, o Espírito da Verdade, que o mundo não pode receber, porque não o vê, nem o conhece; vós o conheceis, porque ele habita convosco e estará em vós." (Jo14:16,17)

O Pai nos dará um *outro* Consolador, diz Jesus. Em grego, esse "outro" não é designado pelo termo usual *heteros,* e sim por *allos,* que significa "outro da mesma espécie", indicando que seria alguém da mesma origem que Jesus. A vinda do Consolador configura o atendimento do rogo de Jesus junto ao Pai, o efetivo cumprimento da promessa anunciada por ele: "Eis que eu vos enviarei o que meu Pai prometeu" (Lc24:49). O Consolador é o mediador eterno entre o Criador e Suas criaturas, e que portanto *estará sempre conosco.* Mais à frente, o Mestre explica que o Consolador, o Filho do Homem, é o próprio Espírito Santo, o qual em tempo certo relembrará os seres humanos dos ensinamentos já ministrados por ele, Jesus, a Palavra do Pai então encarnada na Terra:

> "Quem não me ama, não guarda as minhas palavras; e a Palavra que estais ouvindo não é

> minha, mas do Pai que me enviou. Isto vos tenho dito, estando ainda convosco; mas o Consolador, o Espírito Santo, a quem o Pai enviará em meu nome, esse vos ensinará todas as coisas e vos fará lembrar de tudo o que vos tenho dito." (Jo14:24-26)

Vos fará lembrar... O Consolador nos *fará lembrar* o que Jesus já nos havia transmitido em sua época, a Verdade de Deus, a qual podemos ter ouvido dele próprio ou de algum de seus apóstolos! O que disso tivermos assimilado em nossa alma naquele tempo, ressurgirá em nossa consciência pelas palavras do Consolador.

No trecho a seguir Jesus confirma que, tal como ele, o Consolador provém diretamente de Deus-Pai. É novamente chamado por ele de Espírito da Verdade, porque o testemunho que dará dele, Jesus, estará na Palavra da Verdade que ele traria novamente à Terra:

> "Quando, porém, vier o Consolador, que eu vos enviarei da parte do Pai, o Espírito da Verdade, que Dele procede, este dará testemunho de mim." (Jo15:26)

O Filho do Homem é, pois, o Espírito da Verdade que procede do Pai, "porque o Espírito é a

Verdade" (1Jo5:6). Ele é o Espírito Santo, o Consolador que através de sua Palavra abriu agora novamente a possibilidade para que "a Terra se encha do conhecimento do Senhor" (Is11:9), conforme profetizado por Isaías. No trecho abaixo, Jesus fala da ligação do Consolador com o Juízo Final; também diz que retornará ao Pai e que o mundo não o verá mais:

> "Mas eu vos digo a verdade: convém-vos que eu vá, porque se eu não for, o Consolador não virá para vós outros; se, porém, eu for, eu vo-lo enviarei. Quando ele vier convencerá o mundo do pecado, da justiça e do Juízo: do pecado porque não creem em mim; da justiça, porque eu vou para o Pai, e não me vereis mais; do Juízo, porque o príncipe deste mundo já está julgado." (Jo16:7-11)

O sentido que transparece das palavras acima não deixa sustentar a tese, apregoada por muitas doutrinas cristãs, de que o Consolador seria a efusão do Espírito Santo sobre os discípulos reunidos. A efusão do Espírito Santo (cf. At2:1-3) não é, como se imagina, a realização da missão do Consolador sobre os discípulos. Os discípulos puderam vivenciar conscientemente o Pentecostes porque se encontravam reunidos em devoção no momento exato em que se dava o derramamento de forças do Espírito Santo sobre a Terra. O apóstolo

Pedro dá detalhes até do horário, ao dizer que estavam reunidos na "terceira hora do dia" (At2:15), o que corresponde às 9h da manhã aproximadamente.

Na ocasião, Jesus dissera a eles que isso aconteceria "dentro de poucos dias" (At1:5). O derramamento de forças através do Espírito Santo, o Pentecostes, é um fenômeno que se repete regularmente em toda a Criação desde o início dos tempos, e não foi levado a efeito exclusivamente para os discípulos.* É a época do suprimento de forças para a Criação inteira, o tempo da renovação, sem a qual tudo quanto foi criado acabaria por definhar e desaparecer, conforme transcrito nas lendas sobre o Graal.

O rei Davi conhecia o fenômeno e o cantou neste salmo: "Senhor, como são grandes as Tuas obras! A Terra está cheia das Tuas criaturas! Se lhes tira o alento, morrem e voltam ao pó donde saíram. Se lhes envia Teu Espírito, voltam à vida. E assim renovas a face da Terra" (Sl104:24,29,30). Que o Pentecostes não ocorreu só uma vez, exclusivamente para os discípulos, também fica claro nestas passagens de Atos dos Apóstolos:

"Pedro estava ainda falando, quando o Espírito Santo desceu sobre todos os que estavam

---

* Ver, a respeito, as seguintes dissertações da obra Na Luz da Verdade, a Mensagem do Graal de Abdruschin: *Indolência do Espírito* (volume 1), *Efusão do Espírito Santo* (volume 2).

escutando a Palavra. Os fiéis de origem judaica, que tinham vindo com Pedro, ficaram admirados de que o dom do Espírito Santo fosse derramado também sobre quem era de origem pagã." (At10:44,45)

"Podemos, por acaso, negar a água do batismo a estas pessoas, que receberam, como nós, o Espírito Santo? (...) Logo que comecei a falar, o Espírito Santo desceu sobre eles, da mesma forma como descera sobre nós." (At10:47;11:15)

Os fiéis judeus daquela época ficaram admirados com o derramamento de forças do Espírito Santo sobre os pagãos porque não conheciam nada sobre a regularidade da renovação da força de Deus para a Criação inteira, tal como ficariam admirados também os fiéis de hoje de qualquer religião se soubessem que essa renovação continua a ocorrer, ano após ano. Pedro já dissera aos seus ouvintes que o dom do Espírito Santo era para *eles e seus filhos,* assim como "para todos aqueles que estão longe" (At2:39). No Antigo Testamento vemos uma alusão a esse processo, completamente desconhecido dos israelitas, com a indicação de que "a glória do Senhor encheu o Templo do Senhor" (1Rs8:11).

O Pentecostes ocorre em toda a Criação, e por conseguinte também sobre toda a humanidade terrena.

Basta ao ser humano estar de alma aberta, pleno de humildade, para recebê-lo numa bem determinada época do ano e usufruir as bênçãos da força do Criador, derramada pelo Espírito Santo. Esse estado de alma purificada e receptiva é pré-condição para se receber a força. Vemos que Pedro disse aos seus: *"Convertei-vos... e então recebereis o dom do Espírito Santo"* (At2:38).

O padre Raymond Brown, professor de estudos bíblicos na Union Theological Seminary de Nova Iorque, explica que o termo grego para esse "convertei-vos" – *metanoein* – tem o sentido de "mudai vossas mentes". Diz o padre Brown: "Para os pecadores, mudar de ideia ou *re*-pensar envolve arrependimento e mudança de vida." Portanto, no entender do apóstolo Pedro *converter-se* significava *mudar a maneira de ser,* e não acaso filiar-se a alguma religião.

O Espírito Santo derrama a força de Deus, plena de amor, sobre os seres humanos: "O Amor de Deus foi derramado em nossos corações pelo Espírito Santo que nos foi dado" (Rm5:5). O Espírito Santo não é literalmente doado ou derramado, mas sim ele difunde a força de Deus-Pai sobre a obra da Criação, sem o que esta não poderia continuar a existir. Quando se diz que "o Pai do céu dará o Espírito Santo aos que o pedirem" (Lc11:13), então isso significa que estarão aptos a receber a efusão de forças do

Espírito Santo, dom do amor de Deus, todos aqueles que se apresentarem com a alma descerrada diante desse acontecimento, que portanto *pedirem por isso* com o coração puro e alma plenamente receptiva. Assim é visto pela Luz. Pureza de alma não é algo que se aprende, que se conquista à força, mas sim que se obtém automaticamente pela perseverança de uma vontade boa, independentemente de crença. Pedro explicou esse assunto aos demais apóstolos nestes termos: "Deus, que conhece os corações, lhes prestou uma comprovação [aos pagãos], dando-lhes o Espírito Santo como o deu a nós" (At15:8).

Em Atos dos Apóstolos, o evangelista Lucas descreve o *vivenciar* do Pentecostes sobre os discípulos reunidos em devoção, mas não o processo em si, que tanto ele como os demais desconheciam. Naquele dia, os discípulos estavam pensando em seu Mestre Jesus, que havia ascendido e lhes prometera enviar a força do Espírito Santo:

> "Recebereis uma força, a do Espírito Santo, que descerá sobre vós, e sereis minhas testemunhas em Jerusalém, por toda a Judeia e Samaria, e até os confins da Terra. Depois de dizer isto, Jesus elevou-se à vista deles." (At1:8,9)

A narrativa de Lucas informa que os discípulos se reuniram justamente no dia de Pentecostes.

O acontecimento da efusão de forças do Espírito Santo nesse dia de Pentecostes calculado na Terra, indica que, naquele ano, a reunião dos discípulos coincidira exatamente com o fato real, que se processa em alturas inimagináveis da Criação. É o seguinte o relato de Lucas:

> "Quando chegou o dia de Pentecostes, os discípulos estavam todos reunidos no mesmo lugar. De repente, veio do céu um ruído como de um vento forte, que encheu toda a casa em que se encontravam. Então apareceram línguas como de fogo que se repartiram e pousaram sobre cada um deles. Todos ficaram cheios do Espírito Santo." (At2:1-4)

Que nós *já estamos* vivendo na época do Julgamento levado a efeito pelo Filho do Homem, a assim chamada "grande tribulação", fica especialmente claro nos extratos a seguir:

> "Porquanto se levantará nação contra nação, reino contra reino, e haverá fomes e terremotos em vários lugares; porém tudo isso é o princípio das dores. (...) Porque nesse tempo haverá grande tribulação, como desde o princípio do mundo até agora não tem havido, e nem haverá jamais." (Mt24:7,8,21; Mc13:8,19)

Jesus exortou continuamente os seres humanos a se livrarem do pecado, para que quando estivessem vivendo naquele tempo futuro tão grave, se encontrassem lá com seus corações purificados, limpos, interiormente prontos e preparados:

> "Acautelai-vos por vós mesmos, para que nunca vos suceda que os vossos corações fiquem sobrecarregados [pesados] com as consequências da orgia, da embriaguez e das preocupações deste mundo, e para que aquele Dia não venha sobre vós repentinamente, como um laço." (Lc21:34)

Como um laço... um Dia totalmente inesperado... Assim será o Dia da prestação de contas, o Dia da Ira. Ai de nós se nesse tempo ainda estivermos portando o antigo, pesado e impenitente "coração de pedra". Essa advertência foi especialmente acentuada por Paulo aos Romanos:

> "Por causa de teu endurecimento e de teu coração impenitente, estás acumulando ira para ti mesmo no Dia da Ira, quando se revelará o justo Juízo de Deus, que retribuirá a cada um segundo as suas obras." (Rm2:5,6).

O Dia a que Jesus e Paulo se referem significa, como já esclarecido, o tempo compreendido entre o início e o fim do Juízo, que é contado em *décadas,* portanto o período total de sua efetivação. Paulo ainda deu várias outras indicações sobre essa época, como nessa passagem de sua primeira epístola dirigida aos Coríntios: "A obra de cada um se manifestará; na verdade, o Dia a aclarará, porque pelo fogo será descoberta, e o fogo provará qual seja a obra de cada um" (1Co3:13).

Não é tão difícil assim perceber que essas palavras indicam acontecimentos que se efetivam durante um razoável período de tempo. No entanto, muitas pessoas que já leram ou ouviram falar algo a respeito do Juízo Final e que acreditam no seu desencadeamento, esperam que esse evento se dê no espaço de um dia terreno, mais uma vez por força de uma interpretação literal. Frequentemente a imagem que têm disso é a do Juiz descendo no meio das nuvens, separando os seres humanos à sua direita e à sua esquerda. Os da direita – as ovelhas – voltarão com ele para o céu, e os da esquerda – os cabritos – serão lançados no inferno. E tudo isso no espaço de vinte e quatro horas.

É preciso novamente lembrar aqui que as narrativas bíblicas e as profecias milenares a respeito do Julgamento Final sempre tiveram um sentido *espiritual.* Não podem e não devem ser tomadas ao pé da letra, comprimidas no estreito âmbito da percepção terrena. Um acontecimento tão incisivo não pode, em obediência às leis da Criação, acontecer no espaço de um dia terreno.

Se assim fosse, muitas almas que têm anseio pela Luz e que não obstante ainda trazem um carma pesado de outras vidas, não poderiam salvar-se. Não haveria tempo para isso. Cabe lembrar o esclarecimento constante na segunda Epístola de Pedro: "Não retarda o Senhor a Sua promessa, como alguns julgam demorada, pelo contrário, Ele é longânimo para convosco, não querendo que nenhum pereça, senão que todos cheguem ao arrependimento" (2Pe3:9).

Assim, o aludido evento do Juízo Final descrito no Evangelho de Mateus não deve ser entendido como ocorrendo no espaço de umas poucas horas, e sim de vários anos terrenos:

> "Quando vier o Filho do Homem na sua majestade e todos os anjos com ele, então se assentará no trono da sua glória; e todas as nações serão reunidas em sua presença, e ele separará uns dos outros, como o pastor separa dos cabritos as ovelhas; e porá as ovelhas à sua direita, mas os cabritos à sua esquerda." (Mt25:31-33)

As leis da Criação são perfeitas. E tudo quanto provém delas também tem de ser perfeito. Assim é com o acontecimento denominado Juízo Final. Este apresenta um tempo determinado para efetivar-se. Tem início, meio e fim. Várias décadas já se passaram desde o início do Juízo Final. Agora estamos vivendo a última fase... Chegamos ao *término absoluto* do período de desenvolvimento concedido aos seres humanos.

Após o Juízo um reino de paz será implantado na Terra, o tão ansiado reino áureo de mil anos ou Reino do Milênio, onde "toda corrupção e injustiça desaparecerão" (Eclo40:12). É o reino onde "haverá paz sem fim, estabelecido e firmado sobre o direito e a justiça, desde agora e para sempre" (Is9:6), na época em que o "dragão estará acorrentado por mil anos, para não mais seduzir as nações" (cf. Ap20:2,3). Será o tempo da "renovação de todas as coisas, quando o Filho do Homem tomar assento no seu trono de glória" (Mt19:28). Os acontecimentos do Juízo são, portanto, o sinal de que este reino está prestes a ser implantado, conforme transparece nesse trecho do Evangelho segundo Lucas:

> "Assim também, quando virdes acontecer estas coisas, sabei que está próximo o Reino de Deus." (Lc21:31)

Esse reino de Deus trará então, finalmente, paz sobre a Terra.

Paz sobre a Terra! Uma paz que será *imposta,* não acaso concedida por graça, não presenteada, como tantos esperam ansiosamente em relação à chegada da Nova Era. Quem agora ainda pretender se mostrar como um perturbador da paz, não será capaz de viver nessa nova época. E perturbador da paz é todo aquele que, consciente ou inconscientemente, vive de modo desarmonioso na Criação.

A intervenção se dá presentemente através de uma vontade superior, contra a qual a criatura humana é de todo impotente. Uma vontade que não mendiga uma conversão para o bem, mas que a exige. Aquele que não quiser se curvar, terá de quebrar. A palavra grega para reino significa *"domínio"*, já indicando Quem manda de fato no tempo do reino de Deus.

Para a humanidade, que sempre insistiu em fazer o papel de areia no mecanismo da engrenagem universal, só existem agora dois caminhos na longa estrada de sua existência, uma última bifurcação à sua frente: "o caminho da vida e o caminho da morte" (Jr21:8); diante dela só se apresentam agora essas duas possibilidades: "a vida e a felicidade, ou a morte e a infelicidade" (Dt30:15).

Estamos todos "diante da bênção e da maldição: a bênção se cumprirmos os Mandamentos do Senhor, a maldição se não cumprirmos os Mandamentos do Senhor, nosso Deus." (Dt11:26-28). Todos nós estamos agora diante dessa derradeira decisão, "multidões e multidões no vale da decisão, porque o Dia do Senhor está perto, no vale da decisão!" (Jl4:14). A criatura tem de escolher agora entre viver ou morrer para sempre: "Diante do homem estão a vida e a morte, o que ele escolher, isso lhe será dado" (Eclo15:17).

Vida ou morte, qual será a nossa decisão?... "Escolhe, pois, a vida, para que vivas!" (Dt30:19), exorta o Senhor.

A certeza sobre a chegada, num futuro remoto, de uma era de ouro de mil anos após um necessário período de purificação, ficou indelevelmente gravada nas almas das pessoas que receberam essa notícia em algum ponto de sua existência, nos últimos milênios. Agora, na época presente, a época do Juízo, tudo quanto estava aderido às almas aflora impetuosamente, chegando por fim à consciência. Estamos vivendo o Dia do Juízo, o tempo em que "todo o encoberto é revelado, e todo o oculto passa a ser conhecido" (Mt10:26), quando "Deus pedirá contas, no Dia do Juízo, de tudo o que está oculto, quer seja bom quer seja mau" (Ecl12:14).

Daí tantas pessoas manifestarem anseio e mesmo convicção sobre a chegada iminente dessa Nova Era, esperando intimamente por uma Terra renovada sob um novo Sol: "novos céus e nova terra, onde habitará a Justiça" (2Pe3:13), na qual "nenhuma nação pegará em armas contra a outra, e nunca mais se treinarão para a guerra" (Is2:4). É a almejada época em que "o Deus do céu suscitará um reino que não será jamais destruído" (Dn2:44), onde "Amor e Verdade se encontram, Justiça e paz se abraçam" (Sl85:11). Um reino constituído de "Justiça e paz e alegria no Espírito Santo" (Rm14:17); a Era do Milênio, na qual "da Terra germinará a Verdade e a Justiça se inclinará do céu" (Sl85:12).

É o tempo em que o ser humano terreno viverá exclusivamente para a alegria do seu próximo, e este em relação a ele. Uma esperança milenar de paz e de uma paz milenar, compartilhada não apenas por escritos judaicos como estes, mas registrada também na antiga literatura grega e até mesmo na pouco expressiva tradição romana, onde já se falava indistintamente da chegada de uma Idade de Ouro. A antiga mitologia persa também aludia ao "poder do mal acorrentado por mil anos", e no advento de uma Idade de Ouro após um inverno catastrófico que se abateria sobre toda a Terra. Essa esperança de uma futura era dourada ficou gravada nas almas das pessoas que tomaram conhecimento das muitas profecias relativas ao Reino do Milênio.

Grande parte delas se sentem compelidas agora a abandonar as concepções religiosas e científicas tradicionais e procurar outros caminhos, nos quais essa ansiada era de paz não é encarada como uma utopia fantasiosa ou uma heresia descabida, mas sim aguardada com certeza absoluta. Só não é possível prever a época terrena exata em que essa era estará definitivamente implantada, pois sobre isso Jesus já dissera: "Não compete a vós conhecer os tempos e os momentos que o Pai fixou com Sua própria autoridade" (At1:7).

Cada ser humano ainda vivo espiritualmente tem diante de si a possibilidade de salvar-se no Juízo, caso mude em tempo sua sintonização interior, procurando viver daí por diante em conformidade com a as leis da Criação. É sua atribuição procurar conhecer essas leis, inteirar-se delas e pautar sua vida por elas. Também os efeitos retroativos de suas vidas terrenas anteriores, que agora se precipitam sobre ele, só o auxiliam nessa tarefa, se ele reconhecer suas falhas de outrora e redirecionar seu modo de vida de até então. Seus pensamentos, palavras e atos assim modificados são a prova de que ele efetivamente *renasceu* dentro de si, ou que "nasceu de novo" (Jo3:3), tornando-se uma "*nova criatura* em Cristo" (2Co5:17). Com isso adaptaram-se voluntariamente à sentença do Juiz que ecoa pela Criação durante o último Julgamento: "Eis que faço novas todas as coisas!" (Ap21:5). Já os outros... os outros não nasceram espiritualmente de novo. Seus pensamentos permaneceram vazios e seu coração tornou-se cada vez mais obscurecido pelas trevas que os circundavam, eles "perderam-se em seus pensamentos fúteis, e seu coração insensato se obscureceu" (Rm1:21).

Não se quer acaso dizer com isso que devemos fazer força para se conseguir bons pensamentos. Seria então um esforço antinatural da mente e pouco proveito traria, como qualquer coisa empreendida unilateral e artificialmente. Quem desejar nascer de novo precisa, sim, fazer um grande esforço para mudar sua maneira de ser, perseverando no sentido do bem. Um esforço contínuo, persistente, até se tornar uma pessoa de tal modo boa que nem lhe seja mais possível gerar maus pensamentos. Nesse ponto terá se tornado, realmente, uma nova criatura, livre de todos os sentimentos de opressão e de tristeza, os quais não são naturais, absolutamente, para criaturas de Deus. Com efeito, "a tristeza do coração abate o espírito" (Pv15:13) e o que abate o espírito *nunca é o certo,* pois "se o espírito se abate, quem o sustentará?" (Pv18:14).

Não são dogmas religioso-científicos nem contorcionismos místico-ocultistas que podem habilitar uma pessoa a transpor um Juízo de Deus e fazê-la ingressar na prometida era de paz. Só existe um caminho para lá, o mais simples e por isso mesmo o mais desprezado pelo ser humano hodierno, escravo que é das concepções restritas do seu raciocínio. Esse caminho, exaustivamente repetido pelos profetas dos tempos antigos e posteriormente explicado pelo próprio Filho de Deus, é *o viver em conformidade com as leis que regem a Criação, sintonizando todo o querer no sentido dessas leis primordiais.* Quem hoje cumpre isso demonstra querer se desenvolver de modo certo, como trigo e não como joio. Por essa razão, o modo correto de viver constitui também o único bote apto para a travessia do Juízo Final, capaz de enfrentar as terríveis tormentas que se avizinham e de aportar com segurança no Reino do Milênio. Para este ser humano, somente para este, o anúncio do reino terá sido de fato uma *boa nova*...

E então, quando o ser humano remanescente volver o olhar para trás não terminará de menear a cabeça. Nessa época, as criaturas humanas terão uma visão clara de como fora errada sua vida de até agora, e sentirão asco de si mesmas: "Então vos lembrareis dos vossos maus caminhos e das vossas ações, que não eram boas, e sentireis asco de vós mesmos em virtude das vossas maldades e abominações" (Ez36:31).

CAPÍTULO 5

A PALAVRA DA VERDADE

Não obstante trazerem belas e elucidativas passagens sobre a vida de Jesus na Terra, os Evangelhos canônicos não constituem, eles próprios, a legítima Palavra de Deus, permanecendo, como vimos, apenas como tentativas de reprodução dessa Palavra. Sendo assim, surge nas pessoas de espírito livre uma pergunta perfeitamente pertinente: Se os Evangelhos não são a própria Palavra que Jesus trouxe, como então reconhecer acertadamente os seus ensinamentos?

A resposta a essa pergunta está no próprio Evangelho de João, no seguinte trecho dito por Jesus:

> "Tenho ainda muito que vos dizer, mas vós não o podeis suportar agora; quando vier, porém, o Espírito da Verdade, ele vos guiará em toda a Verdade; porque não falará por si mesmo, mas dirá tudo o que tiver ouvido, e vos anunciará as coisas que hão de vir. Ele me glorificará porque há de receber do que é meu, e vo-lo há de anunciar. Tudo quanto o

Pai tem é meu; por isso é que vos disse que há de receber do que é meu e vo-lo há de anunciar." (Jo16:12-15)

Jesus anuncia a vinda do Espírito da Verdade, que nos "guiará em *toda* a Verdade". A Verdade *integral* nos seria dada então por esse segundo enviado de Deus-Pai. O biblista Bruno Maggioni diz que o sentido da expressão grega é *"guiar para e dentro da plenitude da Verdade"*.

O Espírito da Verdade é, porém, o Consolador prometido por Jesus (cf. Jo16:7-11). O Consolador é o próprio Espírito Santo, o Filho do Homem, que no futuro desencadearia o Juízo Final e traria novamente a Palavra da Verdade à Terra, em cumprimento da promessa feita por Jesus.

Para os que insistem em permanecer alheios a todos os graves acontecimentos da época presente, iludindo a si mesmos com a política do avestruz, a interpretação dos sinais dos tempos lhes permanecerá vedada até o fim. Desse tipo de gente só se pode novamente dizer: "O aspecto do céu sabeis interpretar, mas os sinais dos tempos não podeis" (Mt16:3). E não só não podem como não querem. Agem exatamente como o rei Joaquim, de Judá, que mandou queimar a profecia de Jeremias porque ela advertia sobre a invasão do rei da Babilônia (cf. Jr36:21-23), ou como o rei Acab, de Israel, que mandou encarcerar o profeta Micaías e o deixou a pão e água, porque ele havia previsto infortúnios para a nação (cf. 1Rs22:17,18,27).

Jesus também não foi reconhecido pelos fariseus, mesmo com a Verdade que trazia e com os milagres que praticava. O que poderia fazer pensar que com o Filho do Homem seria diferente? Também lhe pediriam como prova "um sinal no céu", que igualmente lhes seria negado (Mc8:11,12). Jesus também não se precipitou do pináculo do templo apenas para mostrar às criaturas humanas como Deus o protegia, tampouco fez algum sinal diante de Herodes como este lhe pedira (cf. Lc23:8,9). O sinal do Filho do Homem para os seres humanos será ele próprio, reconhecível em sua Palavra: "Assim como Jonas se tornou um sinal para os habitantes de Nínive, o Filho do Homem será um sinal para essa geração" (Lc11:30).

Da época de Jesus até hoje a humanidade não evoluiu, pelo contrário, só regrediu espiritualmente. Os fariseus de outrora estão todos aí novamente. Com a única diferença de que ao invés de se agarrarem a falsos conceitos das antigas Escrituras, aferram-se à rigidez dogmática de suas crenças cegas, às concepções restritas da ciência e aos malabarismos inebriantes do ocultismo e do misticismo.

Em lugar algum da Criação pode uma criatura se ocultar da justiça divina. Mesmo que ela tivesse as asas da aurora, a mão do Senhor a alcançaria: "Senhor, Tu me examinas e me conheces. Para onde irei, longe do Teu Espírito? Para onde fugirei da Tua presença? Se subo ao céu, lá estás, se desço ao abismo, aí Te encontro. Se utilizo as asas da aurora para ir morar nos confins do mar, também lá Tua mão me guia" (Sl139:1,7-10).

A expressão "asas da aurora" é primorosa para indicar a infalível atuação da justiça divina. Sempre é aurora em algum lugar da Terra, de modo que se uma pessoa tivesse as asas da aurora poderia estar num local diferente a cada momento. Mas, mesmo que isso fosse possível, a mão justa do Senhor a alcançaria, pois a perfeita justiça divina não é limitada pelo espaço e tempo.

O apóstolo Pedro, repetindo a predição feita pelo profeta Joel (cf. Jl3:1), diz que nos últimos dias as pessoas sobre quem o Senhor derramar Seu Espírito se tornarão videntes:

> "Acontecerá nos últimos dias, diz Deus, que eu derramarei o meu Espírito sobre toda a carne, vossos filhos e vossas filhas serão profetas, vossos jovens terão visões, vosso anciãos terão sonhos." (At2:17)

Essa profecia quer indicar que no tempo do fim toda a carne sobre a qual o Espírito for derramado, isto é, a parcela da humanidade que tiver assimilado o saber outorgado pelo Espírito Santo de Deus se tornará vidente. Essa vidência, porém, não tem relação com capacidades ocultas ou clarividência, mas sim significa que essas pessoas terão *compreensão,* terão obtido o reconhecimento.

Silenciosamente escoa a última possibilidade de graça concedida aos seres humanos, como silenciosamente se deu a própria vinda do Filho do Homem à Terra. Sem alarde. Sem nenhuma tentativa de aliciar as indolentes criaturas. Ele realmente veio "como um ladrão, à hora em que não cuidais" (Lc12:40). Sua vinda foi, de fato, tão inesperada "como de repente o relâmpago sai do oriente e reluz até o poente" (Mt24:27).

A Palavra da Verdade deixada pelo Filho do Homem aguarda a humanidade, mas não corre atrás dela. E o tempo disponível para que ela, finalmente, se decida a movimentar-se espiritualmente, dando início à tão necessária evolução ascendente do espírito, é cada vez mais exíguo. Já estão deslizando os últimos grãos de areia na ampulheta que mede o tempo concedido para o desenvolvimento humano... Assim jurou o anjo do Apocalipse: "Já não haverá mais tempo!" (Ap10:6).

Quando Jesus, o amor de Deus, esteve na Terra, a Palavra da Verdade que ele trouxe foi *oferecida* à humanidade. Veio ao encontro dos seres humanos como que com os braços abertos, ensinando, auxiliando, advertindo... Os seres humanos, porém, assassinaram essa Palavra, a Palavra de Deus encarnada, forçando assim para si mesmos sua própria e inevitável destruição. Agora, no fim, eles é que têm de ir ao encontro da Palavra, caso ainda quiserem se salvar. Com humildade e vontade séria têm de provar que, apesar de tudo, ainda anseiam realmente de todo coração pela Palavra de Deus, a fim de viverem de acordo com a vontade Dele, reconhecendo ser essa a única possibilidade de se salvarem no Juízo. Eles, "que quiseram apartar-se de Deus, têm de pôr agora dez vezes mais zelo em procurá-Lo" (Br4:28).

Todavia, como muita gente acredita que o Criador Todo-Poderoso precisa correr atrás da humanidade, os seres humanos terão novamente de aprender a temê-Lo nos efeitos da reciprocidade, reconhecendo a Sua vontade expressa nos Mandamentos. Agora, mais do que nunca, vale a sentença: "Teme a Deus e observa Seus Mandamentos, eis o que compete a cada ser humano" (Ecl12:13).

O reconhecimento do Filho do Homem e de sua Palavra não podem ser obtidos de fora para dentro. Só podem brotar de dentro para fora, através do paulatino amadurecimento interior, que se caracteriza por uma busca incansável da Verdade e uma prontidão contínua.

Em Isaías aparece a anunciação do nascimento do Filho do Homem na Terra:

> "Portanto o Senhor mesmo vos dará sinal: Eis que a virgem conceberá, e dará à luz um filho, e lhe chamará Imanuel." (Is7:14)

Nas bíblias latinas, a palavra Imanuel aparece quase sempre grafada como "Emanuel" neste versículo, decorrente da tradução da Vulgata, que utilizou a forma "Emmanuhel". As bíblias alemãs e inglesas utilizam a forma "Immanuel". Contudo, a grafia correta é mesmo **Imanuel**, do original hebraico *imanû'el*. Imanuel é o nome do Filho do Homem, a vontade de Deus.

A anunciação de Isaías não se referia, portanto, ao nascimento de Jesus, como Mateus tentou esclarecer no seu Evangelho com a explicação do significado da palavra Imanuel: "Deus conosco" (cf. Mt1:23). Consequentemente, a "virgem" citada nessa profecia de Isaías, na qual Mateus se baseou, também não se referia à mãe de Jesus – o Filho de Deus, e sim à mãe terrena de Imanuel – o Filho do Homem.

A palavra hebraica *almah*, que aparece nas Bíblias cristãs como "virgem" para designar Maria, mãe de Jesus, significa literalmente: "mulher jovem em idade de casar". É nesse sentido de juventude feminina que o termo é usado no Antigo Testamento, como indicam esses exemplos: "Pois bem, a *jovem* que sair para tirar água do poço..." (Gn24:43); "Partiu, pois, a *moça* e chamou a mãe da criança" (Ex2:8); "... o caminho de um homem junto a uma *jovem*" (Pv30:19); "Os cantores à frente, atrás os músicos, no meio as *jovens* soando tamborins" (Sl68:26). A palavra que em hebraico indica o conceito de virgem propriamente dito é outra completamente diferente: *b^{e}tûlah*, tal como usada na designação da moça Rebeca, no Gênesis: "A moça era mui formosa de aparência, *virgem*, a quem nenhum homem havia possuído" (Gn24:16), e também na história das moças da localidade de Jabes, no livro de Juízes: "Entre os habitantes de Jabes de Galaad acharam quatrocentas *virgens*, que não se tinham deitado com homem, e as trouxeram ao acampamento" (Jz21:12).

Quando a Bíblia foi vertida do hebraico para o grego da versão Septuaginta, a palavra *almah* foi traduzida por *parthenos*, que rigorosamente indica qualquer moço ou moça não casados, e *por isso* considerados virgens. No grego antigo, *parthenos* tinha propriamente o sentido de "menina" ou "jovem", que normalmente seriam virgens, mas não obrigatoriamente. Na posterior tradução da Bíblia para o latim a partir do grego do Antigo Testamento essa nuance foi desconsiderada e o termo hebraico original *almah*, indicativo de jovem núbil, passou a ser traduzido diretamente como "virgem" (*virgo* em latim) em algumas passagens, porque os cristãos já acreditavam no nascimento misterioso de Cristo. Assim, na versão oficial da Bíblia em latim, a Vulgata da Igreja, o conceito principal de jovem senhora foi definitivamente afastado e *almah* deliberadamente traduzido como *virgo*. Essa falha, naturalmente, passou depois para as Bíblias em línguas modernas.

O efeito mais grave dessa mistificação está justamente nesse trecho em que Isaías anuncia o nascimento de Imanuel, citado por Mateus em seu Evangelho. A profecia original de Isaías diz textualmente o seguinte: "Pois bem, o Senhor mesmo vos dará um sinal: *eis que a jovem está grávida e dá à luz um filho,* e lhe dará o nome de Imanuel" (Is 7:14). Já o mesmo trecho citado por Mateus aparece dessa forma: "Portanto, o Senhor mesmo vos dará um sinal: *eis que a 'virgem' conceberá e dará à luz um filho* [*ecce virgo concipiert et pariet filium*], e lhe chamará Imanuel" (Mt 1:23). A citação de Mateus faz a jovem grávida de Isaías voltar à condição de virgem, o que comprovaria a suposição de um nascimento virginal de Jesus.

Maria era seguramente uma *almah*, uma "mulher jovem em idade de casar", ou uma "mulher jovem enquanto não deu à luz" nas palavras muito acertadas do teólogo holandês Rochus Zuurmond. O pesquisador católico John P. Meier também diz com acerto que a palavra *almah* era aplicada a uma mulher até que ela tivesse tido seu primeiro filho. Mas essa contingência não indica, absolutamente, que a concepção e o nascimento de seu filho Jesus tenham sido "virginais", algo completamente impossível segundo as leis naturais. A virgindade de Maria designava simplesmente sua condição antes de dar à luz seu primeiro filho, isto é, uma mulher cujos órgãos reprodutores ainda não haviam funcionado, que estavam *virgens* portanto, apenas isso. Esses órgãos deixaram de ser virgens quando da concepção, gestação e parto de seu *primeiro filho,* Jesus: "Ela deu à luz o seu *filho primogênito,* envolveu-o com faixas e reclinou-o numa manjedoura" (Lc2:7).

Sobre o nascimento de Imanuel e sua atuação, diz ainda Isaías: "Uma criança nasceu para nós, um filho nos foi dado. A soberania repousa nos seus ombros. Proclama-se o seu nome: Conselheiro Maravilhoso, Deus Forte, Pai para sempre, Príncipe da Paz" (Is9:5). Essas designações também não se referem, como pensam alguns, a Ezequias, filho de Acaz, que se tornaria um rei exemplar de Judá.

Jesus nunca se referiu a si mesmo como Imanuel. Nem ele nem ninguém mais em toda a Bíblia. No versículo 21 desse mesmo capítulo do Evangelho de Mateus, a anunciação do anjo no sonho de José é a seguinte: "Ela dará à luz um filho, ao qual darás o nome de *Jesus,* porque ele salvará o povo dos seus pecados" (Mt1:21). José cumpriu fielmente a determinação do anjo: "Acolheu em sua casa a sua esposa, e não a conheceu até quando ela deu à luz um filho, ao qual ele deu o nome de *Jesus"* (Mt1:25). O nome do Salvador é, pois, Jesus, e não Imanuel. Em grego, o nome de Jesus é *Iesous,* transliteração do hebraico *Jeshû',* forma condensada de *Jehoshû'a,* que significa justamente "o Senhor Salva". Esse conceito não era desconhecido no tempo terreno de Cristo. O filósofo Fílon de Alexandria, contemporâneo de Jesus, deixou registrado numa obra sua que a palavra *Jesus* significa "Salvação do Senhor". Vemos então que o anjo instrui José a dar o nome de *Jesus* a seu filho justamente porque ele estava destinado a salvar o povo.

Só a contingência do dever esforçar-se para se salvar, já separa brincando o joio do trigo durante o tempo da purificação: "Se é a muito custo que o justo se salva, que sucederá ao ímpio e ao pecador?" (1Pe4:18). Em sua segunda epístola Pedro descreve a época do Juízo Final, e na sequência reforça essa necessidade de empenho pessoal para se obter a salvação: "Os elementos abrasados se dissolverão e a Terra e suas obras serão chamadas ao Julgamento. Se, pois, tudo isso deverá ser dissolvido, que homens deveis ser! Que santidade de vida! Que respeito para com Deus!" (2Pe3:10,11). Um respeito que se evidencia no esforço em viver segundo a vontade do Senhor. Essa necessidade do esforço pessoal obedece à lei básica do Movimento na Criação, pois só aquele que se movimenta espiritualmente pode ascender espiritualmente. Só este angaria tal direito.

Os fariseus que escutavam Jesus, como de hábito não compreenderam aquela assertiva fundamental de liberdade espiritual por meio da Verdade, pois com seu limitado raciocínio imaginaram que ele se referia ao tempo deles e a uma libertação terrena, e por isso retrucaram: "Somos descendentes de Abraão e nunca fomos escravos de ninguém. Como podes dizer: Vós vos tornareis livres?" (Jo8:33). Quantos desses fariseus de outrora não terão contribuído em vidas posteriores para torcer cada vez mais os ensinamentos de Jesus, comprimindo-os nos estreitos limites do entendimento do raciocínio e da fé cega?... Aqueles fariseus falavam de escravidão terrena, enquanto Jesus se referia à escravidão espiritual. Na dissertação *Despertai*, da obra Na Luz da Verdade, Abdruschin diz:

> *"O ser humano que permanece acorrentado interiormente será um eterno escravo, mesmo que seja um rei."*

Os que na época de Jesus assimilaram realmente a Palavra dele em seu íntimo* não se deixarão dopar

---

* Foi o caso de Fílon de Alexandria, que já no século I publicou os tratados "Todo Homem Mau é Escravo" e "Todo Homem Bom é Livre". Fílon dizia que a virtude é sempre *espiritual,* e que o vício é *físico*. Segundo ele, todos os patriarcas que alcançaram a perfeição possuíam três qualificações: *intuição,* instrução e prática.

pela fé cega, mas repelirão tudo quanto se mostra em desacordo com a Palavra da vida, gravada indelevelmente no recôndito de suas almas. Utilizando a Palavra do Filho do Homem como guia, como luminar e bastão, reconhecerão com muita nitidez o que permaneceu puro nos Evangelhos e o que foi torcido por mãos humanas.

Novamente ecoa dentro deles a fórmula de saneamento que Jesus já repetira tantas vezes em relação à antiga doutrina fixa dos judeus: "Ouvistes o que foi dito", seguida da retificação salvadora: "Eu, porém, vos digo:..." (cf. Mt5:32,34,39,44). Jesus Cristo, com sua Palavra salvadora, fez outrora exatamente a mesma coisa que o Filho do Homem fez no presente, com sua Mensagem. Em sua época, Jesus conservou apenas o certo e rejeitou todo erro inserido por mãos humanas nas antigas Escrituras judaicas. Repeliu incisivamente a "tradição dos antigos" (Mc7:3,5) criada pelos antigos fariseus, a qual impedia o livre desenvolvimento espiritual. Do mesmo modo, na época atual, o Filho do Homem também trouxe à tona os verdadeiros ensinamentos de Jesus, descartando todas as concepções errôneas oriundas de cérebros farisaicos, que impregnaram com mentiras a doutrina original de Cristo no curso dos últimos dois milênios.

A Palavra da Verdade trazida pelo Filho do Homem foi moldada para a época atual, para os seres humanos da época atual. A forma é diferente, pois naturalmente Jesus "expunha a Palavra conforme o permitia a capacidade dos ouvintes" (Mc4:33), portanto da maneira adequada para aquela época, para os seres humanos daquele tempo. O conteúdo de ambas, porém, é o mesmo. A Palavra do Filho do Homem se ajusta a tudo o que Jesus disse, com exceção daquilo que foi acrescido ou modificado por mãos humanas. Ela explica, de maneira clara e definitiva, o conteúdo da doutrina de Cristo, e amplifica para as criaturas humanas o saber sobre a Criação de Deus. Por isso, Paulo disse aos Coríntios: "O nosso conhecimento é imperfeito. Mas, quando vier o que é perfeito, o que é imperfeito desaparecerá" (1Co13:9,10). E complementa: "Agora, vemos como num espelho, de maneira confusa; depois veremos face a face. Hoje conheço em parte, mas então conhecerei plenamente" (1Co13:12). Nos últimos tempos aquelas pessoas receberiam o saber pleno e perfeito através da Palavra do Filho do Homem.

O Filho do Homem, a vontade perfeita de Deus, trouxe a Palavra da Verdade para a Terra, porém não fundou uma nova religião. Sua Palavra traz o saber imprescindível aos seres humanos do tempo presente. Responde de forma categórica a todas as perguntas que a humanidade se tem feito há milênios, às quais nem a fé cega, nem o ocultismo fantasioso, nem a ciência restrita são capazes de responder.

Quem somos? De onde viemos? Qual o propósito da vida? Qual a meta final do espírito humano? As respostas a essas questões são encontradas, sem nenhuma lacuna nem suposições, na Mensagem legada à humanidade pelo Filho do Homem.

Como o Filho do Homem veio das alturas máximas, ele trouxe também o saber completo da Criação inteira, de modo que o ser humano passa a conhecer de que ponto da Criação se originou, e também a meta final de sua peregrinação através dela. Não sobra nenhuma lacuna para o saber. A Palavra mostra sem rodeios como o ser humano tem de viver na Criação se quiser ser um hóspede benquisto nela, e assim adquirir o direito de *continuar a existir* dentro dela. Ele passa a conhecer como tem de se portar para levar uma vida que pode ser considerada do agrado de Deus, a qual o levará por fim aos portais do reino espiritual.

A peregrinação bem-sucedida do espírito humano através dos planos da Criação, até chegar ao Paraíso, assemelha-se a uma longa viagem cuidadosamente planejada. Também aqui na Terra, para se empreender uma viagem prolongada, é preciso primeiramente programar com cuidado todas as etapas, conhecer bem o destino, a rota, as leis de trânsito, etc. Não é diferente com a jornada espiritual. Por isso, o ser humano tem a obrigação de se esmerar em conhecer muito bem o percurso espiritual a percorrer, se não quiser se perder durante a viagem ou tomar inadvertidamente um atalho que o leve a se desviar da meta.

O ser humano terreno se encontra a uma distância inconcebível do seu Criador. Inconcebível. Contudo, poderá reconhecê-Lo, mesmo aqui na Terra, através da Sua vontade, claramente perceptível nos efeitos de Suas leis. O Senhor fala às Suas criaturas através das leis da Natureza. Conhecer essas leis é, portanto, fundamental para se saber como se deve viver na Criação. Quem viver em conformidade com essas leis inflexíveis da Criação sobreviverá ao Juízo Final, quem se opuser a elas será desintegrado. Não existe meio-termo. Não há vacilação. Nenhuma postergação.

Quem possuir anseio legítimo, ardente pela Verdade, e trouxer em si a humildade em forma pura, este terá atingido também as condições necessárias para encontrar e reconhecer a Verdade nesta nossa época. Este terá efetivamente de encontrá-la, aqui ou no Além. Os outros não. Passarão por ela sem vê-la nem reconhecê-la, pois não estão aptos para isso, mesmo que seu raciocínio tente persuadi-los do contrário.

O ser humano precisa *procurar* a Verdade se quiser encontrá-la. Procurá-la realmente, sem deixar-se acomodar quando se depara com apenas algumas partículas de verdade aqui e acolá.

Entretanto, a humanidade acha-se completamente embotada, cega e surda ante a necessidade, premente para ela, de encontrar a Verdade e viver de acordo com ela. Nesse grupo amontoam-se as muitas espécies de seres humanos: materialistas convictos, ocultistas, místicos, cientistas, fiéis fundamentalistas, filósofos das mais variadas correntes e tantos outros.

Todos eles estão absolutamente satisfeitos com aquilo que julgam ter nas mãos. Olham para seus semelhantes com ares de superioridade ou com terna complacência, cientes de estarem muito acima deles com seu saber. No entanto, o íntimo dessas pessoas, o seu espírito, não tem mais nenhum anseio pela Verdade; dorme profundamente, e afasta de si tudo quanto possa perturbar esse sono. Elas nem se dão ao trabalho de examinar com imparcialidade algo que soe diferente daquilo a que se apegaram. E por que o fariam? Sentem-se tão bem, tão elevadas com o que julgam possuir firmemente nas mãos, que não há razão para se perder tempo com coisas esquisitas e inferiores...

Uma pequena parcela da humanidade, porém, uma diminuta parte trava uma dura luta consigo mesma. Sentem que a sua religião, sua filosofia de vida, não lhes traz a tão almejada paz de alma. Falta algo! Algo que não sabem exprimir em palavras, mas que arde dentro de seu íntimo e que as impulsiona para a busca. Durante a busca, várias dessas pessoas mudam de religião ou de filosofia, procurando inconscientemente algo que se aproxime mais da Verdade. Mas, infelizmente, ao encontrarem alguma coisa que julgam mais acertada, acomodam-se na maioria das vezes nesse novo saber e suprimem aquele anseio inicial de busca. Apesar de terem assimilado algo que talvez se encontre mais próximo da Verdade, elas estacionam e deixam de procurar. Deixam de se *movimentar*.

Nenhum alpinista coloca a bandeira do seu país no meio da encosta de uma montanha, nem mesmo próximo ao topo. Ou ele finca a bandeira no cume ou ela não será hasteada. Ele tem, pois, de escalar a elevação até o final, num esforço contínuo e contíguo, se quiser atingir o objetivo a que se propusera antes da subida. Na escalada espiritual não é diferente. A paisagem pode, sim, ficar mais bonita à medida que se sobe, mas nem por isso deve-se acomodar nessa contemplação, desistindo do restante da subida. Se, na ascensão, a pessoa permanecer parada numa determinada altitude, ainda corre o risco de ser soterrada por uma avalanche. Ela só estará completamente protegida quando chegar ao topo. O ser humano tem de escalar, sozinho, a montanha do reconhecimento espiritual até o fim, até conquistar a Verdade completa.

Durante essa escalada muitas pessoas boas vivenciam amargas decepções, não somente ao constatar lacunas nos novos conhecimentos que vão adquirindo, mas, principalmente, ao se defrontarem com os assim chamados adeptos dessas doutrinas, tendo de reconhecer quão longe muitos deles estão de viver segundo alguma diretriz talvez realmente boa. Ou, ainda, que uma diretriz que supunham correta as levaram para alvos errados, muito diferentes dos ansiados por seus espíritos. Por último, ainda são obrigadas a ouvir gracejos dos que se mantiveram parados, como se suas desilusões fossem motivo para risos. Quem não graceja se contenta em apontar o dedo e a bradar: "Não falei?!"

Nesse ponto, a maior parte desiste de vez. Chega até à conclusão de que aquilo por que anseiam não pode ser encontrado... Que não existe... Mas com essa atitude a própria pessoa coloca uma baliza final em sua busca. Desiste daquilo que lhe é mais sagrado e vai se juntar às legiões de seres humanos aconchegados em alguma crença falsa.

A esse respeito, diz Abdruschin em sua obra Na Luz da Verdade, dissertação *A Moderna Ciência do Espírito*:

> *"Os reveses no reconhecimento de caminhos errados se tornam armas afiadas nas mãos de muitos inimigos, os quais podem com o tempo incutir em centenas de milhares de seres humanos uma desconfiança tal, que esses, dignos da*

maior lástima, ao defrontarem a Verdade, não mais desejarão examiná-la seriamente, receosos de nova ilusão! Taparão os ouvidos, que de outra forma teriam aberto, perdendo assim o último lapso de tempo que ainda lhes pudesse dar o ensejo de escalar rumo à Luz."

É um erro terrível do ser humano espiritualmente vivo interromper sua busca da Verdade em razão das decepções com que se depara. Teria sido então errado iniciar a busca? Claro que não! Pois a exortação de Jesus é muito clara: "Procurais, e encontrareis!" (Mt7:7; Lc11:9). Essas palavras não encerram um conselho, não são acaso uma sugestão, mas sim uma *exigência,* trata-se de uma *ordem* a ser cumprida!

Diz o Livro da Sabedoria que ela, a sabedoria, "se deixa encontrar pelos que a procuram" (Sb6:12), somente por estes! Estes, que procuram, cumprem automaticamente a exortação de não deixar endurecidos os corações: "Eis por que assim declara o Espírito Santo: Hoje, se lhe ouvirdes a voz, não endureçais os vossos corações" (Hb3:7,8). Eles ouvirão e reconhecerão a voz do Filho do Homem em sua Palavra. A segunda das 114 sentenças existentes no apócrifo Evangelho de Tomé, atribuídas a Jesus, diz: "Aquele que procura não cesse de procurar até que descubra. E quando descobrir ele ficará confuso, e da confusão surgirá um reconhecimento, e com isso saberá de tudo e não precisará temer a morte."

E agora, nessa época crucial da história humana, a mais crucial que já existiu, quando as estruturas formadas e nutridas pelo até então onipotente raciocínio estão ruindo por toda a parte, fragorosamente, quando cada um de nós tem de decidir sobre a sua própria subsistência como espírito humano, a Verdade encontra-se novamente na Terra. Chegou até aqui moldada para a época atual, para os seres humanos do presente. Os requisitos para encontrá-la, porém, não mudaram, continuam exatamente os mesmos de outrora, como não poderia deixar de ser. É condição prévia uma determinada maturidade de espírito, que só pode ser obtida através de esforço ascensional próprio, exclusivamente pessoal, nada tendo que ver com estudos teológicos ou esotéricos. Somente a busca pessoal torna o anseio espiritual legítimo, vivo, e não a mera curiosidade mental ou mística.

A Verdade está brilhando no meio dos seres humanos, ela é "como uma lâmpada que brilha em lugar escuro, até clarear o dia e levantar-se a estrela da manhã em vossos corações." (2Pe1:19). É a Palavra da Verdade deixada por Imanuel, que como vontade viva de Deus é o único "eterno guardião da Verdade" (Sl146:6).

Existe ainda uma espécie de seres humanos que não quer examinar nada de novo por medo. Medo dos falsos profetas. Essa é também uma posição cômoda e covarde, pusilânime. Pois para saber se um determinado guia faz parte do grupo dos falsos profetas é preciso, evidentemente, conhecer o que ele tem a dizer!

Não é possível emitir um julgamento ou uma opinião sobre uma determinada doutrina ou filosofia sem conhecê-la, sem saber do que se trata. Naturalmente, esse julgamento pode ser rápido e infalível se o ser humano fizer uso de sua intuição. Mas ele tem de examinar tudo com que se depara, examinar com imparcialidade, livre de preconceitos e dogmas. Para a pessoa que se esforça realmente em ascender espiritualmente, poucas palavras ou linhas já bastam para reconhecer se algo novo tem ou não valor. A respeito dessa rejeição sistemática, sem análise, de tudo quanto é novo, com a menção aos falsos profetas, diz também Abdruschin em Na Luz da Verdade, dissertação *Fiéis Por Hábito*:

> *"Não é diferente também com aqueles que procuram recusar tudo quanto é novo, fazendo referência à profecia sobre o aparecimento de falsos profetas! Nisso também nada há de diferente, do que mais uma vez somente a **indolência do espírito**, pois nessa profecia, a que eles se referem, é concomitantemente expresso de maneira clara que o **certo**, o **prometido**, **virá***

*exatamente **nessa época** do aparecimento dos falsos profetas!*

Como pensam então em reconhecê-lo, se para a sua comodidade simplesmente liquidam tudo de modo leviano com uma tal referência! Essa pergunta fundamental nenhuma pessoa ainda a formulou para si mesma!"

Também com as dificuldades que encontra em sua caminhada o espírito amadurece. Podem ser obstáculos inesperados que aparecem em seu caminho de busca da Verdade. Os obstáculos são constituídos em grande parte por entulhos que dificultam o caminhar para cima, os quais foram ali depositados logo no início do trajeto por muitos pretensos mestres, frequentemente na ilusão de estarem auxiliando a humanidade. Esses "mestres" apenas deram alguns passos na escalada e retrocederam, imaginando que o amontoado dos seus próprios entulhos já fosse o ápice da montanha.

Cada entulho traz, porém, o perigo de obscurecer a vista para o alto e desviar o andarilho do caminho reto para cima, levando-o imperceptivelmente para atalhos que não o fazem progredir, ao contrário, que o conduzem para baixo.

Contudo, se o ser humano for capaz de reconhecer um obstáculo como algo nocivo, pode então desviar-se dele ou até mesmo passar por cima, sem se incomodar com suas dimensões. Com seu firme propósito na escalada progressiva, perceberá que esses estorvos vão se tornando cada vez mais raros, até desaparecerem completamente. Então poderá prosseguir com redobrada energia em direção ao alvo almejado. *Se ele próprio não retroceder nem se desviar desse caminho, alcançará o alvo!* Terá demonstrado a importância que dá à sua própria salvação através da *perseverança,* a qual suplanta todas as vicissitudes que encontra em sua passagem pela materialidade: "Aquele, porém, que *perseverar* até o fim, este será salvo" (Mt24:13).

Terá se tornado então merecedor das promessas de salvação, porque ao lado de sua fé também se mostrou zeloso e perseverante na realização de suas esperanças, afastando de si toda preguiça espiritual: "Desejamos, porém, que cada um de vós mostre *o mesmo zelo* para a plena realização da sua esperança até o fim, de modo que *não vos torneis preguiçosos,* mas imiteis aqueles que, pela fé e pela *perseverança* se tornam herdeiros das promessas" (Hb6:11,12). A fé é o início do bom caminho, à qual se deve ir juntando, com aplicação, outras qualidades em escala ascendente, conforme explica Pedro: "Aplicai toda a diligência em juntar à vossa fé a virtude, à virtude o conhecimento, ao conhecimento o autodomínio, ao autodomínio a *perseverança*" (2Pe1:5,6). Essas qualidades são o único antídoto contra a inutilidade e improdutividade de vida do cristão: "Se essas qualidades existirem e estiverem crescendo em sua vida, elas impedirão que vocês, no pleno conhecimento de nosso Senhor Jesus Cristo, sejam inoperantes e improdutivos" (2Pe1:8).

Uma atitude bem diferente da imensa multidão dos entusiastas da "salvação gratuita", que passeiam sorridentes e de mãos dadas, despreocupadamente, pela confortável estrada larga da morte.

Por isso, é preciso manter a vontade firme na busca, é necessário perseverar. Só assim o ser humano mostra-se digno de alcançar a Verdade. Sua determinação inabalável o fará suplantar todos os mencionados obstáculos. *A vontade sincera e a humildade de espírito são a chave para se encontrar, reconhecer e cumprir a Verdade.*

Vontade sincera e humildade de espírito! Duas premissas de um ser humano bom que se esforça realmente em fazer tudo certo, testemunhas do seu puro anseio pela Luz e pela Verdade. São elas também os fundamentos para a ascensão ao Paraíso, legitimados nesses apelos de Davi: "Dá-me a conhecer Teus caminhos, Senhor; ensina-me as Tuas veredas. Faze-me caminhar para a Tua Verdade. Mostra-me, Senhor, o Teu caminho, para eu caminhar na Tua Verdade" (Sl25:4;86:11). O mesmo rogo sincero se reconhece nesta outra sentença do salmista: "Envia a Tua Luz e a Tua Verdade, para que elas me guiem e me conduzam à Tua montanha santa, à Tua morada" (Sl43:3).

Esse trajeto de volta à montanha santa da pátria espiritual será possível àquele que encontrar, reconhecer e praticar a Verdade. Reconhecer a Verdade significa vivenciá-la, viver dentro dela e nela. Estar sob a Luz da Verdade é ter todas as dúvidas existenciais sanadas, significa conhecer integralmente a Criação até o ponto de origem do ser humano. Praticar a Verdade é continuar evoluindo espiritualmente, o que equivale a construir para si mesmo a escada da ascensão espiritual, rumo à Luz, pois "quem pratica a Verdade aproxima-se da Luz" (Jo3:21). E quem se aproxima da Luz cumpre da maneira mais natural a vontade do Criador em relação às Suas criaturas humanas, podendo a partir daí contribuir conscientemente para o embelezamento contínuo da obra da Criação.

Essa possibilidade está ao alcance de cada um que ainda traga dentro de si um vislumbre de Verdade, uma fagulha de vida. Não é a erudição, não é o ocultismo nem o misticismo, não é a fé cega que conduzem à Verdade. O caminho para lá só pode ser encontrado pelo íntimo renovado do espírito humano, através de sua própria vontade tornada pura. Por nada mais no mundo.

*"Escutai, ó desalentados! Erguei o olhar, vós que buscais com sinceridade: **O caminho para o***

> *Altíssimo se encontra pronto na frente de cada criatura humana! A erudição não é a porta que leva até lá!*
>
> *Escolheu Cristo Jesus, esse grande exemplo no verdadeiro caminho para a Luz, os seus discípulos entre os cultos fariseus? Entre pesquisadores das escrituras? Tirou-os da singeleza e da simplicidade, porque eles não tinham que se debater contra este grande erro, que o caminho para a Luz é difícil de aprender e árduo de seguir. (…)*
>
> *Quem possui em si firme vontade para o bem e se esforça por outorgar pureza a seus pensamentos, esse já achou o caminho para o Altíssimo! E assim, tudo o mais lhe será concedido. (…)"*

As palavras acima se encontram na primeira dissertação da Mensagem do Graal de Abdruschin – *Que Procurais?*

"Os seres humanos com seu falhar somente podem dificultar o caminho terrestre do Filho do Homem até certo tempo, de modo que ele terá de andar por atalhos, volteando, mas não conseguem deter os acontecimentos desejados por Deus, ou até mesmo alterar de algum modo o desfecho predeterminado, pois já lhes foi tirado o apoio das trevas na retaguarda, supridor de forças para suas tolices, enquanto as muralhas de seu atuar intelectivo, por trás das quais, acobertados, ainda atiram flechas venenosas, desmoronarão rapidamente sob a pressão da Luz em avanço. Precipita-se então o descalabro sobre eles, e nenhuma graça lhes deverá ser concedida, depois do mal que seu tramar sempre de novo criou funestamente. Assim, o dia ardentemente almejado por aqueles que se esforçam para a Luz, não chegará nem uma hora mais tarde do que deve ser."

Abdruschin
NA LUZ DA VERDADE
"Desce da Cruz"

ÍNDICE

INTRODUÇÃO 7

CAPÍTULO 1
PROFECIAS EXTRABÍBLICAS 9

CAPÍTULO 2
PROFECIAS BÍBLICAS. 59

CAPÍTULO 3
PROFECIAS APÓCRIFAS. 103

CAPÍTULO 4
JUÍZO FINAL, FILHO DE DEUS
E FILHO DO HOMEM 157

CAPÍTULO 5
A PALAVRA DA VERDADE. 245

AO LEITOR

A Ordem do Graal na Terra é uma entidade criada com a finalidade de difusão, estudo e prática dos elevados princípios da Mensagem do Graal de Abdruschin "NA LUZ DA VERDADE", e congrega aquelas pessoas que se interessam pelo conteúdo das obras que edita. Não se trata, portanto, de uma simples editora de livros.

Se o leitor desejar uma maior aproximação com aqueles que já pertencem à Ordem do Graal na Terra, em vários pontos do Brasil, poderá dirigir-se aos seguintes endereços:

Por carta:
ORDEM DO GRAAL NA TERRA
Caixa Postal 128
CEP 06803-971 – EMBU – SP – BRASIL
Tel/Fax: (11) 4781-0006

Pessoalmente:
Av. São Luiz, 192 – Loja 14 – (Galeria Louvre)
Consolação
Tel.: (11) 3259-7646
SÃO PAULO – SP

Internet:
www.graal.org.br
graal@graal.org.br

NA LUZ DA VERDADE
Mensagem do Graal de Abdruschin

Obra editada em três volumes, contém esclarecimentos a respeito da existência do ser humano, mostrando qual o caminho que deve percorrer, a fim de encontrar a razão de ser de sua existência e desenvolver todas as suas capacitações.

Seguem-se alguns assuntos contidos nesta obra: O reconhecimento de Deus • O mistério do nascimento • Intuição • A criança • Sexo • Natal • A imaculada concepção e o nascimento do Filho de Deus • Bens terrenos • Espiritismo • O matrimônio • Astrologia • A morte • Aprendizado do ocultismo, alimentação de carne ou alimentação vegetal • Deuses, Olimpo, Valhala • Milagres • O Santo Graal.

OS DEZ MANDAMENTOS E O PAI NOSSO
Explicados por Abdruschin

Amplo e revelador! Este livro apresenta uma análise profunda dos Mandamentos recebidos por Moisés, mostrando sua verdadeira essência e esclarecendo seus valores perenes.

Ainda neste livro compreende-se toda a grandeza de "O Pai Nosso", legado de Jesus à humanidade. Com os esclarecimentos de Abdruschin, esta oração tão conhecida pode de novo ser sentida plenamente pelos seres humanos.

ISBN-85-7279-058-6 • 80 p
–Também edição de bolso

RESPOSTAS A PERGUNTAS
de Abdruschin

Coletânea de perguntas respondidas por Abdruschin no período de 1924-1937, que esclarecem questões enigmáticas da atualidade: Doações por vaidade • Responsabilidade dos juízes • Frequência às igrejas • Existe uma "providência"? • Que é Verdade? • Morte natural e morte violenta • Milagres de Jesus • Pesquisa do câncer • Ressurreição em carne é possível? • Complexos de inferioridade • Olhos de raios X.

ISBN-85-7279-024-1 • 174 p.

ALICERCES DE VIDA
de Abdruschin

Alicerces de Vida reúne pensamentos extraídos da obra Na Luz da Verdade, de Abdruschin. O significado da existência é tema que permeia a obra. Esta edição traz a seleção de diversos trechos significativos, reflexões filosóficas apresentando fundamentos interessantes sobre as buscas do ser humano.

Edição de bolso • ISBN-85-7279-0-86-1 • 192 p.

Obras de Roselis von Sass, editadas pela ORDEM DO GRAAL NA TERRA

A GRANDE PIRÂMIDE REVELA SEU SEGREDO

Revelações surpreendentes sobre o significado dessa Pirâmide, única no gênero. O sarcófago aberto, o construtor da Pirâmide, os sábios da Caldéia, os 40 anos levados na construção, os papiros perdidos, a Esfinge e muito mais... são encontrados em A Grande Pirâmide Revela seu Segredo.

Uma narrativa cativante que transporta o leitor para uma época longínqua em que predominavam o amor puro, a sabedoria e a alegria.

ISBN-85-7279-044-6 • 368 p.

A VERDADE SOBRE OS INCAS

O povo do Sol, do ouro e de surpreendentes obras de arte e arquitetura. Como puderam construir incríveis estradas e mesmo cidades em regiões tão inacessíveis?

Um maravilhoso reino que se estendia da Colômbia ao Chile.

Roselis von Sass revela os detalhes da invasão espanhola e da construção de Machu-Picchu, os amplos conhecimentos médicos, os mandamentos de vida dos Incas e muito mais.

ISBN-85-7279-053-5 • 288 p.

FIOS DO DESTINO DETERMINAM A VIDA HUMANA

Amor, felicidade, inimizades, sofrimentos!... Que mistério fascinante cerca os relacionamentos humanos! Em narrativas surpreendentes a autora mostra como as escolhas presentes são capazes de determinar o futuro. O leitor descobrirá também como novos caminhos podem corrigir falhas do passado, forjando um futuro melhor.

Edição de bolso • ISBN-85-7279-092-5 • 304 p.

REVELAÇÕES INÉDITAS DA HISTÓRIA DO BRASIL

Através de um olhar retrospectivo e sensível a autora narra os acontecimentos da época da Independência do Brasil, relatando traços de personalidade e fatos inéditos sobre os principais personagens da nossa História, como a Imperatriz Leopoldina, os irmãos Andradas, Dom Pedro I, Carlota Joaquina, a Marquesa de Santos, Metternich da Áustria e outros...

Descubra ainda a origem dos guaranis e dos tupanos, e os motivos que levaram à escolha de Brasília como capital, ainda antes do Descobrimento do Brasil.

ISBN-85-7279-059-4 • 256 p.

O LIVRO DO JUÍZO FINAL

Uma verdadeira enciclopédia do espírito, onde o leitor encontrará um mundo repleto de novos conhecimentos. Profecias, o enigma das doenças e dos sofrimentos, a morte terrena e a vida no Além, a 3ª Mensagem de Fátima, os chamados "deuses" da Antiguidade, o Filho do Homem e muito mais...

ISBN-85-7279-049-7 • 384 p.

A DESCONHECIDA BABILÔNIA

A Desconhecida Babilônia, de um lado tão encantadora, do outro ameaçada pelo culto de Baal.

Entre nesse cenário e aprecie uma das cidades mais significativas da Antiguidade, conhecida por seus Jardins Suspensos, pela Torre de Babel e por um povo ímpar – os sumerianos – fortes no espírito, grandes na cultura.

ISBN-85-7279-063-2 • 304 p.

ÁFRICA E SEUS MISTÉRIOS

"África para os africanos!" é o que um grupo de pessoas de diversas cores e origens buscava pouco tempo após o Congo Belga deixar de ser colônia. Queriam promover a paz e auxiliar seu próximo.

Um romance emocionante e cheio de ação. Deixe os costumes e tradições africanas invadirem o seu imaginário! Surpreenda-se com a sensibilidade da autora ao retratar a alma africana!

ISBN-85-7279-057-8 • 336 p.

SABÁ, O PAÍS DAS MIL FRAGRÂNCIAS

Feliz Arábia! Feliz Sabá! Sabá de Biltis, a famosa rainha que desperta o interesse de pesquisadores da atualidade. Sabá dos valiosos papiros com os ensinamentos dos antigos "sábios da Caldéia". Da famosa viagem da rainha de Sabá, em visita ao célebre rei judeu, Salomão.

Em uma narrativa atraente e romanceada, a autora traz de volta os perfumes de Sabá, a terra da mirra, do bálsamo e do incenso, o "país do aroma dourado"!

ISBN-85-7279-066-7 • 416 p.

ATLÂNTIDA. Princípio e Fim da Grande Tragédia

Atlântida, a enorme ilha de incrível beleza e natureza rica, desapareceu da face da Terra em um dia e uma noite...

Roselis von Sass descreve os últimos 50 anos da história desse maravilhoso país, citado por Platão, e as advertências ao povo para que mudassem para outras regiões.

ISBN-85-7279-036-5 • 176 p.

OS PRIMEIROS SERES HUMANOS

Conheça relatos inéditos sobre os primeiros seres humanos que habitaram a Terra e descubra sua origem.

Uma abordagem interessante sobre como surgiram e como eram os berços da humanidade e a condução das diferentes raças.

Roselis von Sass esclarece enigmas... o homem de Neanderthal, o porquê das Eras Glaciais e muito mais...

ISBN-85-7279-055-1 • 160 p.

TEMPO DE APRENDIZADO

Tempo de Aprendizado traz frases e pequenas narrativas sobre a vida, sobre o cotidiano e sobre o poder do ser humano em determinar seu futuro. Fala sobre a relação do ser humano com o mundo que está ao redor, com seus semelhantes e com a natureza. Não há receitas para o bem-viver, mas algumas narrativas interessantes e pinceladas de reflexão que convidam a entrar em um novo tempo. Tempo de Aprendizado.

Capa dura • ISBN-85-7279-085-3 • 112 p.

O NASCIMENTO DA TERRA

Qual a origem da Terra e como se formou?
Roselis von Sass descreve com sensibilidade e riqueza de detalhes o trabalho minucioso e incansável dos seres da natureza na preparação do planeta para a chegada dos seres humanos.

ISBN-85-7279-047-0 • 176 p.

PROFECIAS E OUTRAS REVELAÇÕES

Esta publicação tem o objetivo de destacar a importância e significado de algumas profecias e outros temas, assim como levar o leitor a reflexões sobre a urgência da época presente e sua atuação como agente transformador.
– *Extraído de "O Livro do Juízo Final".*

Edição de bolso • ISBN-85-7279-088-8 • 176 p.

Obras da Coleção
O MUNDO DO GRAAL

JESUS – O AMOR DE DEUS

Um novo Jesus, desconhecido da humanidade, é desvendado. Sua infância... sua vida marcada por ensinamentos, vivências, sofrimentos... Os caminhos de João Batista também são focados.
Jesus, o Amor de Deus – um livro fascinante sobre aquele que veio como Portador da Verdade na Terra!

ISBN-85-7279-064-0 • 400 p.

OS APÓSTOLOS DE JESUS

"Os Apóstolos de Jesus" desvenda a atuação daqueles seres humanos que tiveram o privilégio de conviver com Cristo, dando ao leitor uma imagem inédita e real!

ISBN-85-7279-071-3 • 256 p.

HISTÓRIAS DE TEMPOS PASSADOS

Emocionante história que relata a famosa guerra entre gregos e troianos, causada pelo rapto de Helena. As figuras dos heróis do passado ressurgem junto com a atuação de Kassandra, que, advertindo, preconizou o infortúnio para Troia.

E ainda a cativante história de Nahome, nascida no Egito, e que tinha uma importante missão a cumprir.

ISBN-85-7279-008-X • 240 p.

BUDDHA

Os grandes ensinamentos de Buddha que ficaram perdidos no tempo...

O livro traz à tona questões fundamentais sobre a existência do ser humano, o porquê dos sofrimentos, e também esclarece o Nirvana e a reencarnação.

ISBN-85-7279-072-1 • 352 p.

LAO-TSE

Conheça a trajetória do grande sábio que marcou uma época toda especial na China.

Acompanhe a sua peregrinação pelo país na busca de constante aprendizado, a vida nos antigos mosteiros do Tibete, e sua consagração como superior dos lamas e guia espiritual de toda a China.

ISBN-85-7279-065-9 • 304 p.

ZOROASTER

A vida empolgante do profeta iraniano, Zoroaster, o preparador do caminho Daquele que viria, e posteriormente Zorotushtra, o conservador do caminho. Neste livro são narrados de maneira especial suas viagens e os meios empregados para tornar seu saber acessível ao povo.

ISBN-85-7279-083-7 • 288 p.

ÉFESO

A vida na Terra há milhares de anos. A evolução dos seres humanos que sintonizados com as leis da natureza eram donos de uma rara sensibilidade, hoje chamada "sexto sentido".

ISBN-85-7279-006-3 • 232 p.

ASPECTOS DO ANTIGO EGITO

O Egito ressurge diante dos olhos do leitor trazendo de volta nomes que o mundo não esqueceu – Tutancâmon, Ramsés, Moisés, Akhenaton e Nefertiti.

Reviva a história desses grandes personagens, conhecendo suas conquistas, seus sofrimentos e alegrias, na evolução de seus espíritos.

ISBN-85-7279-076-4 • 288 p.

A VIDA DE MOISÉS

A narrativa envolvente traz de volta o caminho percorrido por Moisés desde seu nascimento até o cumprimento de sua missão: libertar o povo israelita da escravidão egípcia e transmitir os Mandamentos de Deus.

Com um novo olhar acompanhe os passos de Moisés em sua busca pela Verdade e liberdade. – *Extraído do livro "Aspectos do Antigo Egito".*

Edição de bolso • ISBN-85-7279-074-8 • 160 p.

MARIA MADALENA

Maria Madalena é personagem que provoca curiosidade, admiração e polêmica!

Símbolo de liderança feminina, essa mulher de rara beleza foi especialmente tocada pelas palavras de João Batista e partiu, então, em busca de uma vida mais profunda.

Maria Madalena foi testemunha da ressurreição de Cristo, sendo a escolhida para dar a notícia aos apóstolos.
– *Extraído do livro "Os Apóstolos de Jesus".*

Edição de bolso • ISBN 85-7279-084-5 • 160 p.

REFLEXÕES SOBRE TEMAS BÍBLICOS
de Fernando José Marques

Neste livro, trechos como a missão de Jesus, a virgindade de Maria de Nazaré, Apocalipse, a missão dos Reis Magos, pecados e resgate de culpas são interpretados sob nova dimensão.

Obra singular para os que buscam as conexões perdidas no tempo!

Edição de bolso • ISBN-85-7279-078-0 • 176 p.

QUEM PROTEGE AS CRIANÇAS?
Texto: Antonio Ricardo Cardoso
Ilustrações: Maria de Fátima Seehagen e Edson J. Gonçalez

Qual o encanto e o mistério que envolve o mundo infantil? Entre versos e ilustrações, o mundo invisível dos guardiões das crianças é revelado, resgatando o conhecimento das antigas tradições que ficaram perdidas no tempo.

Capa dura • ISBN-85-7279-081-0 • 24 p.

JESUS ENSINA AS LEIS DA CRIAÇÃO
de Roberto C. P. Junior

Em "Jesus Ensina as Leis da Criação", Roberto C. P. Junior discorre sobre a abrangência das parábolas e das leis da Criação de forma independente e lógica. Com isso, leva o leitor a uma análise desvinculada de dogmas. O livro destaca passagens históricas, sendo ainda enriquecido por citações de teólogos, cientistas e filósofos.

ISBN-85-7279-087-X • 240 p.

JESUS – FATOS DESCONHECIDOS

Independentemente de religião ou misticismo, o legado de Jesus chama a atenção de leigos e estudiosos.

"Jesus – Fatos Desconhecidos" traz dois relatos reais de sua vida que resgatam a verdadeira personalidade e atuação do Mestre, desmistificando dogmas e incompreensões nas interpretações criadas por mãos humanas ao longo da História. – *Extraído do livro "Jesus – o Amor de Deus"*.

ISBN-978-85-7279-089-5 • 192 p.

Correspondência e pedidos:

ORDEM DO GRAAL NA TERRA
Caixa Postal 128
CEP 06803-971 – EMBU – SP – BRASIL
Tel./Fax: (11) 4781-0006

www.graal.org.br – e-mail: graal@graal.org.br

Filmes, impressão e acabamento
ORDEM DO GRAAL NA TERRA
Embu – São Paulo – Brasil